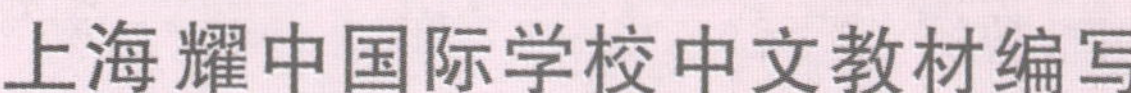

LIBERATE THE JOY OF LEARNING CHINESE

愉快学汉语

练习册

第三册

（上）

世界图书出版公司

上海·西安·北京·广州

图书在版编目(CIP)数据

愉快学汉语(第三册)练习册 / 上海耀中国际学校中文教材编写委员会编著.—上海：上海世界图书出版公司，2007.5(2014.6重印)

ISBN 987-7-5062-8563-6

Ⅰ.愉… Ⅱ.上… Ⅲ.汉语-对外汉语教学-习题 Ⅳ.H195.4-44

中国版本图书馆CIP数据核字(2007)第040972号

愉快学汉语(第三册)练习册
上海耀中国际学校中文教材编写委员会编著

上海世界图书出版公司 出版发行
上海市广中路88号
邮政编码 200083
上海竟成印务有限公司印刷
各地新华书店经销
如发现质量问题,请与印刷厂联系
质检处电话：021-56422678

开本：889×1194 1/16　　印张：17.25　　字数：415 000
2014年6月第1版第2次印刷
ISBN 978-7-5062-8563-6
定价：130.00元(上、下册)
http: //www.wpcsh.com.cn
http: //www.wpcsh.com

本教材及配套练习各五册,每册语言训练各有侧重,但都同时兼顾听、说、读、写的均衡发展。本教材专为中文为非母语的学生设计和编写,可作为学校中文非母语教学的系统教材,亦是学生自学的首选。

每册的主要特色是:

第一、二册听、说领先,培养语感,激发兴趣。

第三册承前启后,引发阅读兴趣,培养良好的阅读习惯。

第四、五册读、写并重,掌握阅读技巧,学习写作方法。

课文图文并茂,练习形式丰富。

创设愉快的学习氛围,在循序渐进中轻松习得。

编写委员会:陈保琼　吕子德　张　泓　何维佶

本册编写:何维佶　曹　薇　侯晓波　王苇杭　陈　赟　李　娜

统　　稿:张　泓　何维佶

鸣　　谢:郑伟鸣

封面照片:上海耀中国际学校学生

Paul Bachelier (法国)

Rosemary Johnstone (新西兰)

Jay Edwards (英国)

Lee Kyung Min (韩国)

Hilst Lucas Vargas (巴西)

Nichold Verchok (俄罗斯)

前言

本系列教材由上海耀中国际学校编写。上海耀中创建于1993年，作为中国大陆最早的境外投资的国际学校之一，上海耀中涉足汉语作为非母语的教学领域已达十年之久。建校之初，难以找到一套既适合中、小学生使用又符合先进教学理念的对外汉语教材，因而，耀中开始了自力更生，自创教材的探索之路。

根据语言最基本的功能：交际功能，耀中采用了自然学习语言的教学方法。这套教材就是在这样的教学理念与多年的教学实践基础上应运而生的。

本系列教材共分五册，每册都配有练习册。每册教材在语言训练方面各有侧重，但都同时兼顾学生听、说、读、写各方面的均衡发展。第一、二册教材将重点放在听、说训练上，同时潜移默化地进行拼音和汉字书写的教学。经过第一、二册的学习，学生基本上可在日常学习和生活中运用汉语来进行交流，掌握基本汉字的读写，并熟练运用汉语拼音这一语言工具。第三册将负担起教学重点由听、说到读、写的过渡。通过学习短小而有趣的课文，学生将养成良好的阅读习惯，掌握基本的阅读技巧。同时，学生的写作也将实现由句到段的飞跃。第四、五册将以读、写为教学重点，实用性问题占有相当的比重。通过阅读各类应用文，学生的词汇量得到扩展，并使他们能灵活运用多种阅读技巧，从阅读中获取大量的信息，同时还能使他们学会各类应用文的写作方法，更充分地体验语言的交际性功能。

从1998年起至今，历年修完这套教材的学生参加英国剑桥大学的IGCSE汉语作为外语的大学预科入学考试，都取得了优异的成绩。

好东西愿与大家共享。值耀中七十周年志庆，我们将此教学成果整理出版，愿为所有踏上汉语学习之旅的朋友们提供一条切实可行而又风光无限的道路。

陈保琼　博士
耀中教育机构校监

YU KUAI XUE HAN YU

愉快学汉语

This set of books is compiled by Yew Chung International School of Shanghai. The school was founded in 1993 as one of the first international schools on the Chinese mainland with overseas investment. So far, it has taught Chinese as an additional language for 10 years. When the school first opened, it could not find materials for teaching Chinese to foreigners that suited secondary and primary students and were in line with advanced teaching concepts. Yew Chung therefore began a path that relies on itself and produces its own teaching materials.

Basing on the most basic function of a language – for communication, we have adopted the method of learning language in the natural way. This set of teaching materials is the outcome of this teaching concept and practice of many years.

There are five volumes in this set of teaching materials with each having a volume of accompanying exercises. Each volume has an emphasis on language training, but all of them have taken account of the balanced development of students in listening, speaking, reading and writing. Volume 1 and 2 emphasize on listening and speaking, and at the same time teach pinyin and writing in a subtle way. Through the learning in Volume 1 and 2, students can basically use Chinese in their routine study and lives, read and write the basic Chinese, and use pinyin as a reading tool. Volume 3 will provide the transition of teaching focus from listening and speaking to reading and writing. Through the learning of short but interesting essays, students will form a good reading habit and master the basic technique of reading. At the same time, students' writing ability will take a great stride from forming a sentence to forming a paragraph. The teaching focus in Volume 4 and 5 will be reading and writing. There will be a high proportion of writing for practical purposes. Through the reading of a large amount of practical writing, students will have their vocabulary enriched, and can use variou reading skills to obtain a large quantity of written information. At the same time, students will learn various kinds of practical writing and further develop the communicative and practical functions of the language.

From 1998, our students who completed the study of this course, scored high marks in the Chinese as a foreign language subject of the UK's International General Certificate for Secondary Education Examination.

At the 70th anniversary of Yew Chung, we compile and publish this teaching achievement of ours in order to point to those people, who are dedicated to learning Chinese, a way that is both feasible and joyful.

Dr. Betty Chan Po-king
Director, Yew Chung Education Foundation

mù lù

目 录 Contents

第一课 我

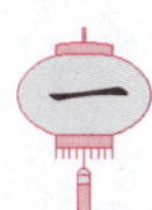

一 写汉字 (Write characters)
xiě hàn zì

míng	丿 夕 夕 夕 名 名
名	

名字

jiào	丨 冂 口 口⺊ 叫
叫	

叫

lì	一 丆 冂 丙 丽 丽 丽
丽	

美丽

xǔ	丶 讠 讠 讠 讠 许
许	

许多

xī	一 丆 丙 丙 西 西
西	

xīn lán
新西兰

mǎ

㇆ 马 马

马

yà
马来西亚

xǐ

一 十 士 士 吉 吉 吉 吉 壴 壴 喜 喜

喜

喜欢

jí

纟 纟 纟 纫 级 级

级

年级

xí

𠃍 ㇆ 习

习

学习

hàn

丶 丶 氵 汉 汉

汉

汉字

二 读读写写 (Read and write)

dú dú xiě xiě

1 读词语 (Read phrases)

dú cí yǔ

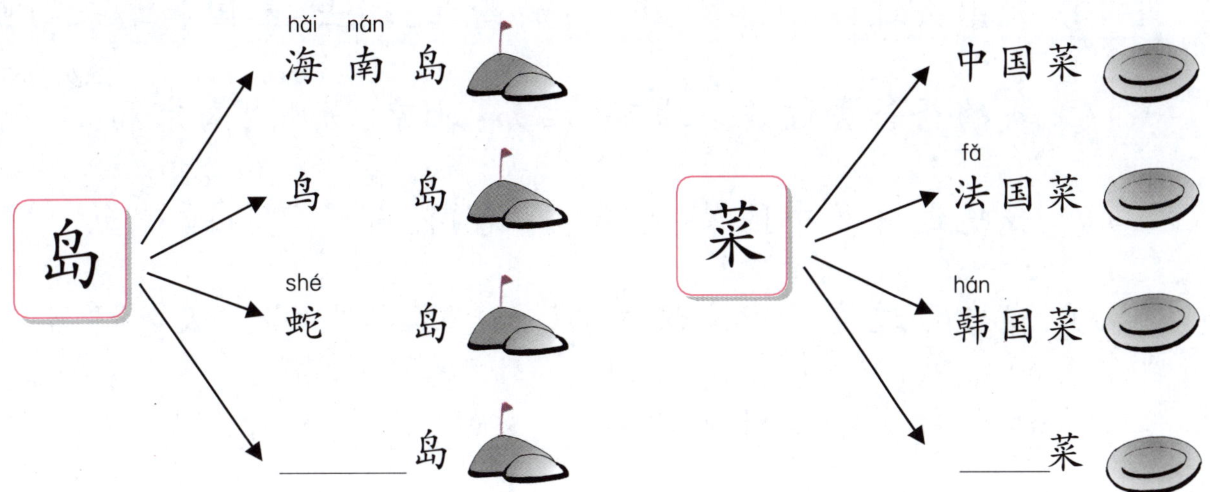

2 读句子，完成填空 (Read and complete sentences)

dú jù zi wán chéng tián kòng

(1)

大山出生在澳大利亚悉尼。

ào lì yà xī ní

① 我出生在______。

② 我的妈妈出生在______。

③ 我的爸爸出生在______。

④ 我的中文老师出生在______。

⑤ 我的同桌(zhuō)出生在______。

⑥ 我的好朋友出生在______。

⑦ ______出生在______。

蛇：snake；法国：France；韩国：Korea；同桌：deskmate

(2) 许多……，比如……

① 大山去过许多国家，比如：新西兰，瑞士，泰国和马来西亚。
（xīn lán ruì shì tài yà）

② 我的爸爸去过许多城市，比如：北京，苏州，南京和广州。
（sū zhōu nán guǎng zhōu）

③ 我吃过许多中国菜，比如：咕老肉，茄子煲和酸辣鱼。
（gū qié bǎo suān là）

④ 我学习过许多中文汉字，比如：“敢”、“市”、“级”和“习”。

⑤ 我学习了许多科目，比如：____________________。
（kē mù）

⑥ 我有许多好朋友，比如：____________________。

⑦ ________许多________，比如：____________________。

(3) 我最喜欢中国，因为中国菜特别好吃。

① 大山最喜欢的城市是上海，因为上海的小吃特别好吃。
（hǎi）

② 妈妈最喜欢的城市是巴黎，因为那里的香水特别好。
（bā lí xiāng）

③ 爸爸最喜欢的国家是中国，因为在中国他交了许多好朋友。

④ 我的中文老师最喜欢的城市是上海，因为她出生在那里。

⑤ 我最喜欢的地方是____________，因为____________________。

苏州：Suzhou；南京：Nanjing；科目：subject；巴黎：Paris；香水：perfume

⑥ 我最喜欢学习____________，因为________________________________。

⑦ ____________最喜欢____________，因为________________________________。

3 读句子并连线(Read and match)

dú jù zi bìng lián xiàn

① 我弟弟的理想是当一名画家。 

② 我姐姐的理想是当一名老师。 

③ 我哥哥的理想是当一名工程(gōng chéng)师。 

④ 我好朋友的理想是当一名医生。 

⑤ 我妹妹的理想是当一名歌唱(gē chàng)家。

⑥ 我的理想是当一名警察(jǐng chá)。 

⑦ 大山的理想是当一名外交家。 

画家:painter; 工程师:engineer; 歌唱家:singer

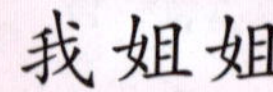

我姐姐

我好朋友

我

我妹妹

我弟弟

我哥哥

大山

shí hou
我小时候的理想是当一名______。

yǔ háng
宇航员

kē
科学家

xíng
飞行员

bǎn
老板

wǎng qiú yùn
网球运动员

yǎn
演员

shí hou
老师，你小时候的理想是什么？

小时候：in one's childhood

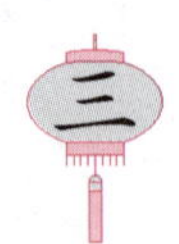

三 选择题 (Multiple-choice)

xuǎn zé tí

交朋友

① 你喜欢交朋友吗?

Ⓐ 非常喜欢　Ⓑ 很喜欢　Ⓒ 不太喜欢　Ⓓ 不喜欢

② 你会交朋友吗?

Ⓐ 当然会　Ⓑ 会　Ⓒ 不太会　Ⓓ 不会

③ 你喜欢交怎样的朋友?

Ⓐ 聪(cōng)明的　Ⓑ 美丽的　Ⓒ 快乐的　Ⓓ 文静的　Ⓔ 调皮(tiáo pí)的　Ⓕ 可爱的

④ 你已经(yǐ jing)交了几个中国朋友了?

Ⓐ 还没有　Ⓑ 一个　Ⓒ 两三个　Ⓓ 四五个　Ⓔ 许多

聪明: smart, clever; 文静: quiet and gentle; 调皮: naughty

四 小调查，调查结果请打勾(Questionnaires and tick the results)

xiǎo diào chá　diào chá jié guǒ qǐng dǎ gōu

你的爱好是什么？

	我	爸爸	妈妈	朋友	____老师
看书					
游泳 (yǒng)					
画画					
唱歌 (chàng gē)					
听音乐 (yīn)					
玩电脑 (nǎo)					
踢足球 (tī qiú)					
跳舞 (tiào wǔ)					
打网球 (wǎng qiú)					
________					

妈妈，你的爱好是什么？
我的爱好是看书和画画。

唱歌：singing；电脑：computer；踢足球：play soccer；跳舞：dance；网球：tennis

dú duǎn wén tián kòng

五 读短文，填空 (Read and fill in the blanks)

1

大家好！我的名字叫大山。我今年九岁了。我是一个勇敢的男孩(hái)。

我是澳(ào)大利(lì)亚(yà)人，我出生在悉(xī)尼(ní)，那是一个美丽的城市。

我可以学得(de)更(gèng)多！

hài xiū
害羞

tiáo pí
调皮

大家好！我的名字叫__________。我今年______岁了。

我是一个____________________。

我是________________，我出生在__________________，

那是一个________________的城市。

更：much more；文静：quiet and gentle；害羞：shy；聪明：smart, clever；调皮：naughty

2

在中国我已经(yǐ jing)住了三年多了，我去过中国许多地方，比如：北京，广州(guǎng zhōu)，香港(xiāng gǎng)，西藏(zàng)和海南(hǎi nán)岛。我最喜欢的城市是北京，因为在那里我交了许多中国朋友。

在中国我已经(yǐ jīng)住了________，我去过________，比如：________________。

我最喜欢________，因为________________。

你可以读给你的朋友听吗？

3

我来上海耀(hǎi yào)中国际学校已经(yǐ jīng)一年多了。今年我上三年级。我非常喜欢这个学校，因为在这里我可以学习英(yīng)文和中文。现在，我已经(yǐ jing)学会两百多个汉字了。我的中文老师可喜欢我啦(la)！我的爱好是游泳(yǒng)和画画，我的理想是当一名外交家。

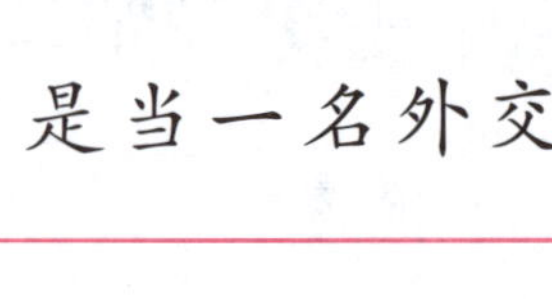

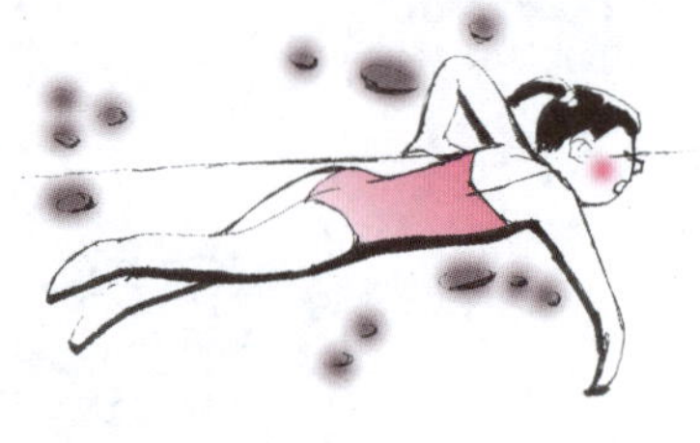

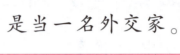

我来＿＿＿＿＿＿＿＿＿＿已经(yǐ jīng)＿＿＿＿＿＿了。今年我上＿＿＿＿＿。我非常喜欢这个学校，因为在这里我可以学习＿＿＿＿和中文。现在，我已经学会＿＿＿＿＿了。我的中文老师可喜欢我啦(la)！我的爱好是＿＿＿＿＿和＿＿＿＿＿，我的理想是当一名＿＿＿＿＿＿。

六 阅读理解(Read comprehension)

yuè dú lǐ jiě

马勇是一个快乐、聪明(cōng)的男孩(hái)。他出生在英(yīng)国伦敦(lún dūn)，可是他住在中国上海(hǎi)已经(yǐ jīng)四年多了。在学校里(lǐ)，他要上许多课，比如：英(yīng)文、中文、数(shù)学和历史(lì shǐ)。他最喜欢学习中文，因为他喜欢和中国朋友交流(liú)，可以知道很多中国文化(huà)。马勇的爱好是拉小提琴(tí qín)，他的理想是当一名教师。

判断对错(True or false)

pàn duàn duì cuò

① 马勇出生在中国上海(hǎi)。◇

② 马勇在学校只学习英(yīng)文、中文、历史(lì shǐ)和数(shù)学。◇

③ 因为马勇喜欢和中国朋友说汉语，也想知道很多中国文化(huà)，所以他最喜欢学习中文。◇

④ 马勇的爱好是拉小提琴(tí qín)，可是他的理想是当一名外交家。◇

聪明：clever；伦敦：London；数学：maths；历史：history；交流：to communicate；文化：culture

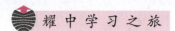

第二课　特别的中文班

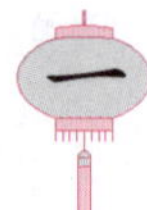

一 xiě hàn zì 写汉字 (Write characters)

字	笔顺	词语
bān 班	一 二 千 王 王 玎 玎 玗 珏 班	中文班
zuò 作	ノ 亻 亻 亻 作 作 作	作业
yè 业	丨 丨丨 丨丨 业 业	作业
wán 完	丶 丶 宀 宀 宀 宇 完	zuò 做完
jué 觉	丶 丶丶 丶丶丶 ⺍ 龸 ⺌ 觉 觉 觉	觉得 de

nán

㇇ 又 又 对 对 对 对 难 难 难

难

难

dú

丶 讠 讠 讠 讠 讠 讠 读 读 读

读

读

bāng

一 二 三 丰 邦 邦 邦 帮 帮

帮

zhù
帮助

suǒ

丿 厂 户 户 户 所 所 所

所

yǐ
所以

二 描描、读读和写写 (Trace, read and write)

miáo miáo dú dú hé xiě xiě

1

中文作业

yīng
英文作业

shù
数学作业

huà
中国文化课作业

作业

______作业

______作业

______作业

______作业

shù zuò
妈妈：小兰，你的数学作业做完了吗？

zuò de
小兰：还没有做完，我觉得今天的数学作业太多了。

zuò
______：你的______作业做完了吗？

zuò de
______：还没有做完，我觉得______。

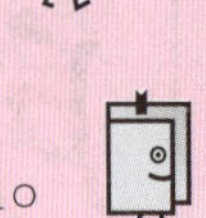

de
我觉得今天______作业最多。

de
我觉得今天______作业最少。

de
我觉得今天______作业最容易。

de
我觉得今天______作业最难。

数学：maths；文化：culture

2

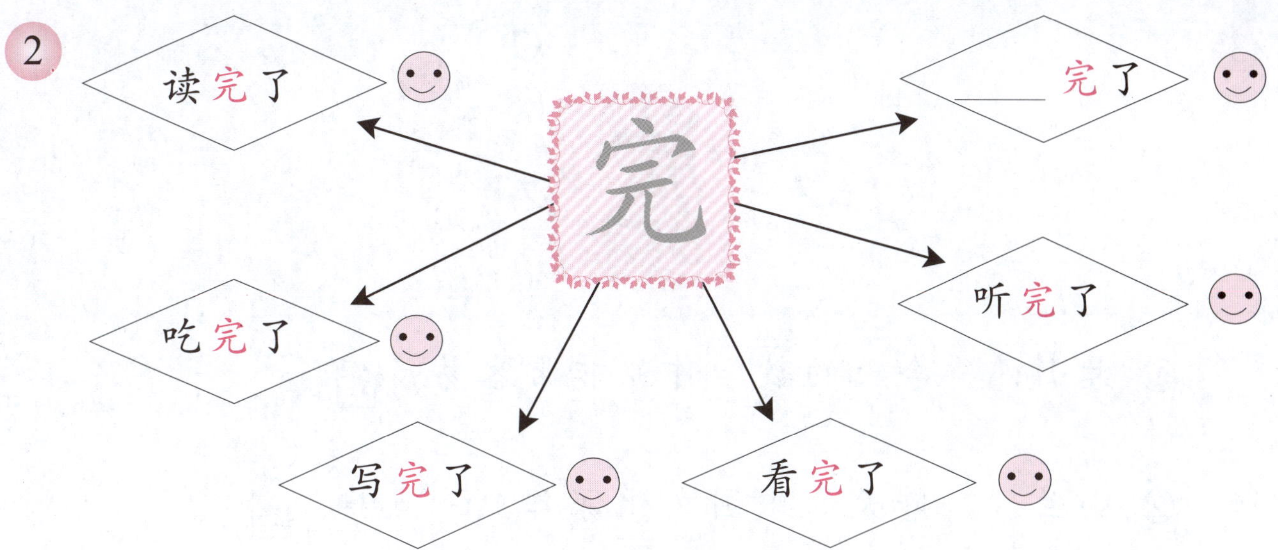

爸爸：大山，你的中文课文读完了吗？

大山：读完了。我觉得(de)今天的课文很容易。

奶奶：小兰，你的午饭吃完了吗？

小兰：吃完了。我觉得(de)今天的午饭特别好吃。

A：________________________？

B：________________________。

课文：text

3

① 大山觉得(de)今天的数(shù)学作业非常容易。

② 小兰觉得(de)昨天的中国文化(huà)课作业有点难。

③ 爸爸觉得(de)中文很难学。

④ 今天早上，马丽觉得(de)＿＿＿＿＿＿，所以(yǐ)她去看医生了。

⑤ 我觉得(de)＿＿＿＿＿＿＿＿＿＿＿＿＿＿＿＿。

⑥ 我的妈妈觉得(de)＿＿＿＿＿＿＿＿＿＿＿＿＿＿。

⑦ ＿＿＿＿＿觉得(de)＿＿＿＿＿＿＿＿＿＿＿＿＿＿。

4

读汉字

读句(jù)子

读＿＿＿＿＿

读＿＿＿＿＿

小朋友，你每天都读课文吗？

数学：maths；文化：culture；句子：sentence

5

① 我的中文老师是中国人。 我的中文老师来自中国。★

② 大山是澳(ào)大利(lì)亚(yà)人。 大山来自澳(ào)大利(lì)亚(yà)。★

③ 马丽是新(xīn)西兰(lán)人。 马丽来自________。★

④ ________________。 我的朋友来自英(yīng)国。★

⑤ 我是________________。 我来自________________。★

⑥ ______是________________。 ______来自________________。★

6

班

中文班

______班

英(yīng)文班

班级

同学

男同学

______同学

新(xīn)同学

______同学

不同的国家和城市　　不同的爱好和理想

不同的年级和班级　　不同的________

我的中文班有________个同学。________个是男同学，________个是女同学，________个是新同学，________个是老同学。我们来自__________，我们在____________________，我们有__________，可是我们有一个相同的地方——我们都喜欢我们的中文班。

7

学习中文

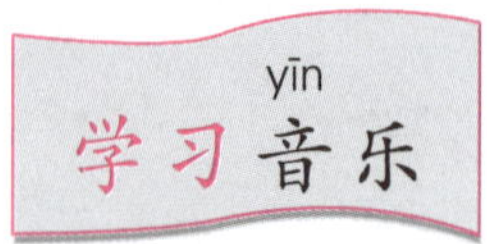

yīng
学习英文

shù
学习数学

相同：same；数学：maths

我最喜欢学习音乐，因为我喜欢唱歌（chàng gē）。

我最喜欢学习＿＿＿＿＿＿，因为＿＿＿＿＿＿＿＿＿。

我最不喜欢学习＿＿＿＿＿＿，因为＿＿＿＿＿＿＿＿＿。

你学习中文只有一年，我已经（yǐ jīng）学了两年多，我可以帮助（zhù）你。

她学习中文只有两个月，我已经（yǐ jīng）学了八个月了，我可以帮助（zhù）她。

我的朋友学习中文只有＿＿＿＿＿，我已经（yǐ jīng）学了＿＿＿＿＿，我可以帮助（zhù）＿＿＿＿＿。

学习中文我们要互相帮助（zhù）！

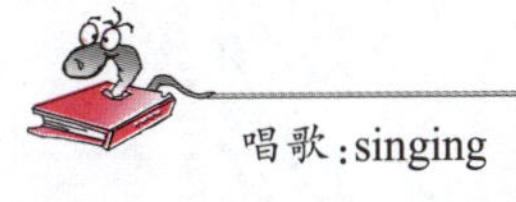

唱歌：singing

8 有的……有的……还有的……

① 在上海耀中国际学校我交了许多不同的朋友，有的是文静的，有的是勇敢的，有的是聪明的，还有的是快乐的。

② 上海耀中国际学校的老师们来自不同的国家，有的来自英国，有的来自新西兰，有的来自澳大利亚，还有的来自中国。

③ 我的中文班的同学________，有的爱好唱歌，有的爱好踢足球，有的爱好听音乐，还有的爱好游泳。

④ 我的朋友有许多不同的理想，有的理想是当一名__________，有的理想是当一名__________，有的理想是当一名__________，还有的理想是当一名__________。

⑤ ____

____

____。 

文静：gentle and quiet；聪明：smart；唱歌：singing；踢足球：play soccer

wán chéng xià miàn de duì huà bìng lǎng dú
三 完成下面的对话并朗读(Complete the dialogues and read)

1

________：你好，________！

________：你好，________！

zuò
________：你的中文作业做完了吗？

zuò de
________：做完了，我觉得今天的中文作业________。你呢？

zuò de
________：我还没有做完，我觉得今天的作业________。

guān xi yǐ jīng
________：没关系，你学习中文只有________，我已经学了________

zhù
________，我可以帮助你！

________：你真是太好了！谢谢你！

________：不客气。

2

________：你知道吗？我们的中文班很特别。

________：很特别？

________：是啊(a)，我们班有_____个同学。他们来自不同的国家，有的是_____，有的是_____，有的是_____，还有的是_____。

________：你别忘了，还有我，我是______________。

________：我们学习中文的时(shí)间也不同，有的_______，有的_______________。

________：所以我们学习中文有的快，有的慢(màn)。

________：对！所以有的人觉得(de)中文很容易，有的人觉得(de)中文很难。

________：这真是一个特别的中文班！

________：是啊(a)！所以我们要互相帮助(zhù)！

四 阅读理解(yuè dú lǐ jiě)(Reading comprehension)

毛老师是上海耀(hǎi yào)中国际学校的中文老师。她特别喜欢她的中文班,她的中文班的十六个学生都来自不同的国家,有的是美国人,有的是英国人,有的是澳大利亚(ào lì yà)人,还有的是韩(hán)国人。他们的理想也不一样,有的想当医生,有的想当老师,还有的想当警察(jǐng chá)。毛老师觉得(de)他们都是好学生。

选择题(xuǎn zé tí)(Please circle the correct answers)

① 毛老师的学生来自哪些国家?

A

B

C

D

E

F

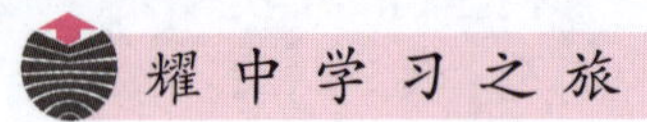

② 毛老师的中文班学生有哪些理想？

第三课 在图书馆(guǎn)

一 写汉字(xiě hàn zì) (Write characters)

qī 期：一 十 廾 廾 甘 甘 其 其 期 期 期 期 — 星期

shōu 收：丨 丩 丩 屮 收 收 — 收

nǎ 哪：丨 口 口 叮 叮 呵 明 哪 哪 — 哪里(lǐ)

guān 关：丶 丷 丷 兰 关 关 — 有关

xuǎn 选：丿 ⺊ 屮 生 生 先 冼 诜 选 — 选

jìng

一 = 丰 丰 丰 青 青 青 青' 青' 静 静 静 静

静

安静

xīng

、 " 丷 ⺍ 兴 兴

兴

兴奋

kè

丶 讠 讠 讠 讠 讠 讠 课 课 课

课

yīn
音乐课

zhèng

一 丅 下 止 正

正

正好

二 读词语，写词语(Read and write phrases)

dú cí yǔ xiě cí yǔ

1

2

耀中学校 饭卡

图书卡　借书卡

Merry Christmas 圣诞快乐

饭卡

卡

shèng dàn
圣诞卡

生日卡　字卡

祝你生日快乐

____卡

日 火 月 云

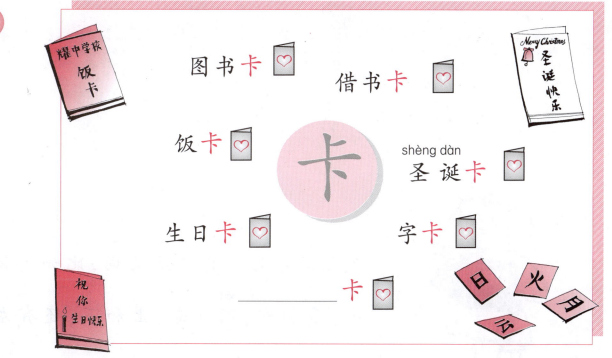

书桌：desk；书签：bookmark；圣诞卡：Christmas card

3

借 ⟷ fǎn yì cí 反义词 ⟷ 还

借书 ⟷ 还书

借钱 ⟷ 还钱

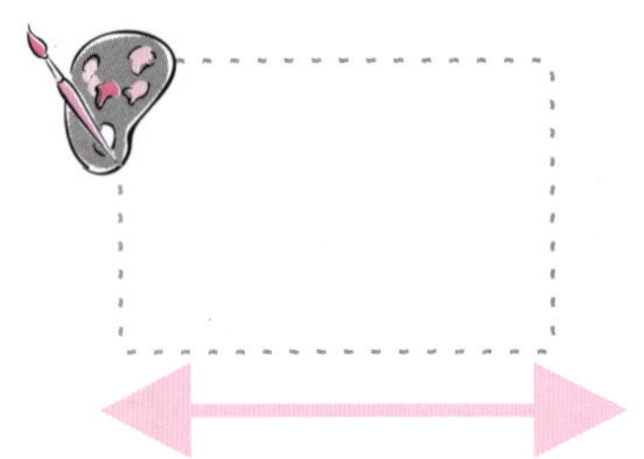

yǐ jīng fǎn yì cí
我已经学习了许多反义词，比如大和
xīn
小，多和少，新和老，上和下，还有左
和_______，买和_______。

反义词：antonym；新：new

三 给多音字标拼音(Write Pinyin on polyphones)

gěi duō yīn zì biāo pīn yīn

1

是还(huán)还是还(hái)?

① 大山,这是昨天你借给我的橡皮(xiàng pí),还(　　)给你,谢谢!

② 妹妹,你想喝果汁还(　　)是可口可乐?

③ 你的爱好是当一名外交家还(　　)是当一名科(kē)学家?

④ 小兰,今天是学校还(　　)书的最后一天,你还(　　)有没有要还(　　)的书?

2

“你知道多音(yīn)字吗?”
“多音(yīn)字就是一个汉字有不同的读音(yīn),它们的意思也不一样。”

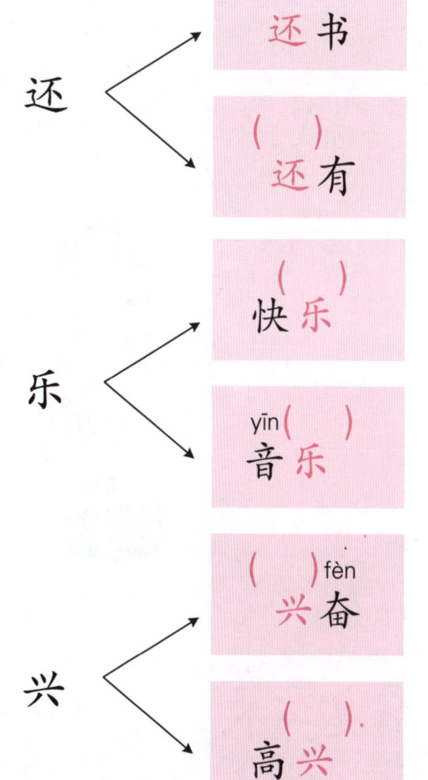

还 → (　　)还书;(　　)还有

好 → (　　)爱好;(　　)很好

乐 → (　　)快乐;(　　)音(yīn)乐

长 → (　　)长城;(　　)长得(de)高

兴 → (　　)兴奋(fèn);(　　)高兴

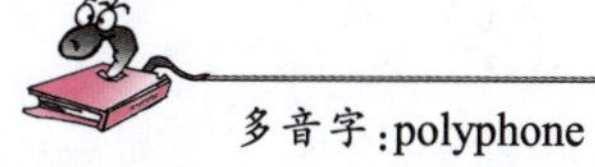

多音字:polyphone

四 用所给的词填空(Choose the words to fill in the blanks)

yòng suǒ gěi de cí tián kòng

A 图书馆 (guǎn)	B 图书管理员 (guǎn)	C 书架
D 图书卡	E 姓名	F 借书卡
G 日期	H 书名	I 作者 (zhě)

1 

hǎi yào

这是上海耀中国际学校的________________。

2 

hǎi yào

她是上海耀中国际学校的________________。

3 这是一个________________。

作者:author

4 这是上海耀(hǎi yào)中国际学校的______。

上海耀中国际学校借书卡 YCIS Shanghai Library Card
姓名：　马丽
学生号码(mǎ)：　0226
8724 8265　　发卡日期:9月1日

5 这是上海耀(hǎi yào)中国际学校的______。

Author	
Title	
Date	Name

请写中文

日期	

数(shǔ)一数(shǔ)，你的家里有几个书架？

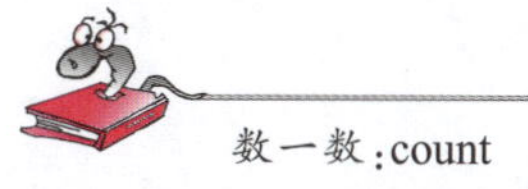

数一数：count

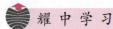

五 读读写写 (Read and write)

dú dú xiě xiě

1

有关……方面

有关音乐方面的书。(yīn)

有关历史方面的书。(lì shǐ)

有关动物方面的书。

有关电脑方面的书。(nǎo)

有关中文方面的书。

有关______方面的书。

有关______方面的书。

2 你喜欢读有关什么方面的书？

找哪本书看？

我喜欢读有关__________方面的书。

我的爸爸喜欢读有关__________方面的书。

我的妈妈喜欢读有关__________方面的书。

我的朋友喜欢读有关__________方面的书。

______喜欢读有关__________方面的书。

历史:history; 电脑:computer

3 dú jù zi zhǎo dá àn bìng shuō chū yuán yīn
读句子，找答案并说出原因
(Read and circle the answers then state your views)

(1)

běn
请你选一本你最喜欢的书。

(2)

jiàn fú
请你选一件你最喜欢的校服。

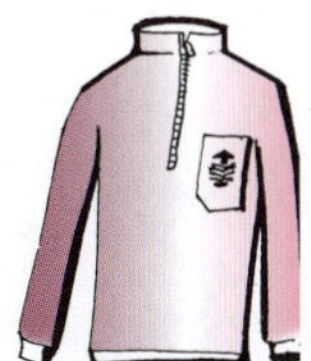

(3)

zhāng zhào piàn
请你选一张你最喜欢的照片。

校服：school uniform；照片：photo

4 读句子并连线(Read and match)

dú jù zi bìng lián xiàn

shí hou xū bǎo chí
什么时候需要保持安静?

jiào shì lǐ shí hou xū bǎo chí
① 在教室里上课的时候我们需要保持安静。

guǎn shí hou xū bǎo chí
② 在图书馆看书的时候我们需要保持安静。

nǎo xū bǎo chí
③ 在电脑房内我们需要保持安静。

yǐngyuàn shí hou xū bǎo chí
④ 在电影院看电影的时候我们需要保持安静。

shí hou xū bǎo chí
⑤ ______________________时候我们需要保持安静。

什么时候:when;教室:classroom;电影院:cinema

dú duì huà bìng zào jù

5 读对话并造句 (Read dialogues and make sentences)

(1) 是不是也要……

① A：你**是不是也要**借书？

běn

B：是的，我想借一本有关中文方面的书。

② A：大山**是不是也要**还书？

B：不是的，他是来借书的。

guǎn

③ A：小兰**是不是也要**去图书馆看书？

nǎo nǎo

B：不是的，她要去电脑房用电脑。

④ A：你**是不是也要**去________________？

B：是的，我们一起去吧。

⑤ A：________**是不是也要**________________？

B：____________________________。

电脑：computer

(2)

fèn
兴奋

① A：小兰找到(dào)了什么书，这么兴奋(fèn)！

B：她找到(dào)了一本(běn)有关二胡(hú)方面的书，所以她这么兴奋(fèn)。

② A：你看到(dào)了谁，这么兴奋(fèn)！

B：我看到(dào)了我的中文老师，所以我这么兴奋(fèn)。

③ A：弟弟听到(dào)了什么声音，这么兴奋(fèn)！

B：弟弟听到(dào)了妈妈回(huí)家的声音(yīn)，所以他这么兴奋(fèn)。

④ A：______________________，这么兴奋(fèn)！

B：______________________，所以 ________ 这么兴奋(fèn)。

回家：go back home；声音：sound

(3)

还记得(de)……吗？

① A：马丽，你还记得(de)上音(yīn)乐课时，老师向我们介绍的这种中国乐器(qì)吗？

B：当然记得(de)，这种中国乐器(qì)叫二胡(hú)！

② A：小兰，你还记得(de)我的理想是什么吗？

B：当然记得(de)，你的理想是当一名医生！

③ A：你还记得(de)昨天的中文作业是什么吗？

B：对不起，昨天我没(méi)有来学校上课。

④ A：你还记得(de)我什么时候(shí hou)________________吗？

B：对不起，________________________。

⑤ A：你还记得(de)________________________吗？

B：当然记得(de)，________________________。

⑥ A：你还记得(de)________________________吗？

B：对不起，________________________。

(4)

正好

① A：请问你们有有关二胡(hú)方面的书吗？

B：这儿正好有两本(běn)，你一本(běn)，她一本(běn)。

② A：请问你有铅(qiān)笔吗？

B：我正好有两支(zhī)铅笔，你一支(zhī)，我一支(zhī)。

③ A：你有＿＿＿＿＿＿＿＿吗？

B：我正好有＿＿＿＿＿＿＿，你＿＿＿＿＿＿＿，

我＿＿＿＿＿＿＿。

④ A：＿＿＿＿＿＿＿＿＿＿＿＿＿＿？

B：＿＿＿＿＿＿＿＿＿＿＿＿＿＿。

支：a measure word

六 小采访 (Interview)

xiǎo cǎi fǎng

今天我们要去采(cǎi)访(fǎng)学校的图书管(guǎn)理员。

采访者(cǎi fǎng zhě)：________ 采访对象(cǎi fǎng xiàng)：________ 采访时间(cǎi fǎng shí)：________

① 请问你叫什么名字？你出生在什么地方？

____

② 请问我们学校的图书馆(guǎn)有多少本(běn)书？有哪些方面的书？

____

③ 请问今天大约(yuē)有多少学生来图书馆(guǎn)借书和还书？

____

④ 请问你在学校图书馆工(guǎn gōng)作多长时(shí)间了？你喜欢现在的工(gōng)作吗？为什么？

____

____

采访者：interviewer；采访对象：interviewee；大约：about；工作：to work

⑤ 请问你小时候(shí hou)的爱好和理想是什么？

⑥ 请问你最喜欢看什么方面的书？来图书馆(guǎn)借书的学生们最喜欢看有关什么方面的书？

小朋友，你可以用采访(cǎi fǎng)的内容写一写我们学校的图书馆和图书管(guǎn)理员吗？

七 阅读理解(yuè dú lǐ jiě)(Reading comprehension)

上海(hǎi)耀(yào)中国际学校的学生们都很喜欢学校的图书馆(guǎn)。图书馆(guǎn)又大又安静。在图书馆里(guǎn lǐ)，同学们可以借各种各样(gè zhǒng gè)的书，比如：有关地理方面的书，有关历史(lì shǐ)方面的书，有关电脑(nǎo)方面的书，还有有关文化(huà)方面的书等等。在图书馆(guǎn)，同学们可以看杂(zá)志(zhì)和报纸(bào zhǐ)，可以看DVD，还可以上网呢(wǎng ne)！

小时候：in one's childhood；各种各样：all kinds of；地理：geography；电脑：computer；文化：culture；等等：and so on；杂志：magazine；报纸：newspaper；上网：surf the net

huí dá wèn tí
回答问题(Answer questions)

hǎi yào dào
① 上海耀中国际学校的学生们可以借到哪些方面的书？

guǎn
② 在图书馆，同学们可以借书，可以还书，还可以干什么？

de guǎn
③ 你觉得为什么同学们都喜欢学校的图书馆？

1)

2)

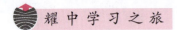

第四课 看医生

xiě hàn zì
一 写汉字 (Write characters)

xiě
丿 ⺅ 㐫 㐫 皿 血
血
出血

bǎ
一 十 扌 扌 扌 扌 把
把
把

shāng
丿 亻 亻 亻 伤 伤
伤
伤口

ne
丨 冂 口 口 口 口 呢 呢
呢
呢

xǐ
丶 丶 氵 氵 氵 氵 氵 洗 洗
洗
洗

bāo

包

丿 勹 勺 匀 包

包

shì

事

一 丆 𠮛 耳 亊 亊 亊 事

méi
没事

bì

必

丶 心 心 必 必

必须

xū

须

丿 彡 彡 彡 须 须 须 须 须

必须

fǒu

否

一 丆 不 不 不 否 否

否则

zé

则

丨 冂 贝 贝 则 则

否则

二 dú dú xiě xiě 读读写写 (Read and write)

1

jù “把”字句

① 请放开手。  ① 请把手放开。 

② 请止(zhǐ)住血。  ② 请把血止(zhǐ)住。 

③ 请洗干净(jìng)伤口。  ③ 请把伤口洗干净(jìng)。 

④ 请搽(chá)上药。  ④ 请把药搽(chá)上。 

⑤ 请包起来伤口。  ⑤ 请把伤口包起来。 

⑥ 请关上门。  ⑥ 请把门关上。 

⑦ 请________书。  ⑦ 请把书打开。 

⑧ 请关上电视(shì)。  ⑧ 请把__________。 

⑨ 请__________。  ⑨ 请把果汁喝完。 

⑩ 请__________。  ⑩ 请把__________。 

电视：television

2 先……然后……再……最后……

① 让医生先把血止(zhǐ)住，然后把伤口洗干净(jìng)，再把药搽(chá)上，最后把伤口包起来。

② 每天早上，我先起床，然后吃早饭，再穿校服(fú)，最后去上学。

③ 每天下午三点半，我先乘校车回家，然后做(zuò)作业，再吃晚饭，最后睡觉(jiào)。

④ ________，________先________，然后________________，再________，最后________。

⑤

A 做作业

B 打网球(wǎng qiú)

C 洗澡(zǎo)

D 看电视(shì)

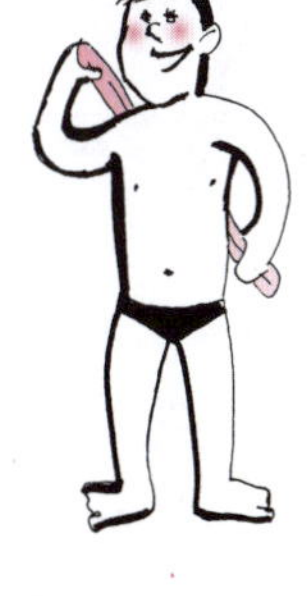

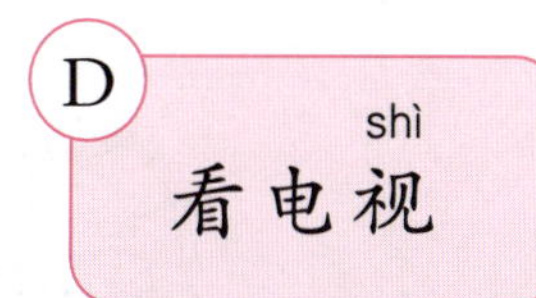

____

____

校服：school uniform；校车：school bus

qǐng nǐ xuǎn sì zhāng tú piàn xiě jù zi
⑥ 请你选四张图片写句子(Please choose four pictures to complete sentence)

看书

去理发店理发

bù
跑步

游泳

shì
看电视

骑自行车

你会了吗？

A 很容易，我会了。☺

B 还是不太会☹，老师，你可以

zhù
帮助我吗？

电视：television

3

必须……否则……

① 小兰必须打针(zhēn)，否则她的伤口会发炎(yán)的。

② 弟弟必须去看医生，否则他的病(bìng)不会好起来。

③ 我必须吃药和打针(zhēn)，否则我的病(bìng)会很严重(yán zhòng)。

④ 学生必须用借书卡借书，否则不可以借书。

⑤ 我们必须＿＿＿＿＿＿＿＿，否则不可以进学校。

⑥ 我必须＿＿＿＿＿＿＿，否则我的中文不会说得(de)很流利(liú lì)。

⑦ 我们必须每天做(zuò)完回家作业，否则＿＿＿＿＿＿＿＿。

⑧ 小兰骑自行车的时候(shí hou)必须＿＿＿＿＿，否则她会摔(shuāi)下来的。

⑨ 在图书馆(guǎn)内我们必须保持(bǎo chí)安静，否则＿＿＿＿＿＿＿＿。

⑩ ＿＿＿＿必须＿＿＿＿＿，否则＿＿＿＿＿＿＿＿＿＿＿＿。

病：illness；校服：school uniform；流利：fluently；时候：moment,time

4 记得(de)……不要忘记……

① 记得(de)明天来换药。

⮑ 不要忘记明天来换药。

② 记得(de)做(zuò)完今天的中文回家作业。

⮑ 不要忘记做(zuò)完今天的中文回家作业。

③ 记得(de)拿饭卡去吃午饭。

⮑ 不要忘记________________________________。

④ 记得(de)________________________________。

⮑ 不要忘记________________________________。

同学们，我们上学的时候(shí hou)，需(xū)要记得(de)带(dài)哪些东(dōng)西？

饭卡：lunch card；带：to bring

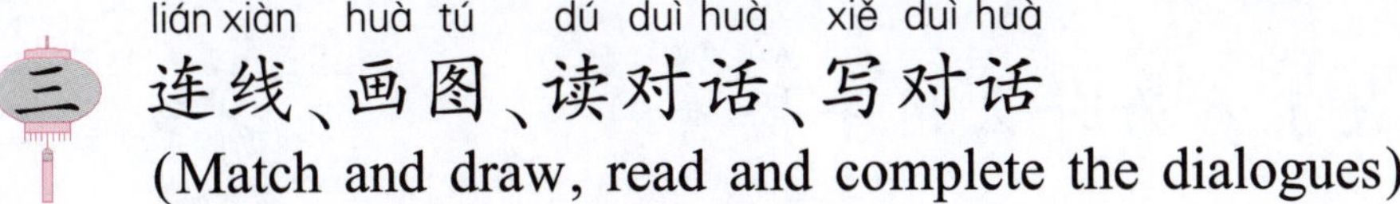

三 连线、画图、读对话、写对话

lián xiàn huà tú dú duì huà xiě duì huà

(Match and draw, read and complete the dialogues)

1

wǔ zhe zuǐ ba
用手捂着嘴巴

wǔ zhe dù
用手捂着肚子

wǔ zhe jīng
用手捂着眼睛

wǔ zhe liǎn
用手捂着脸

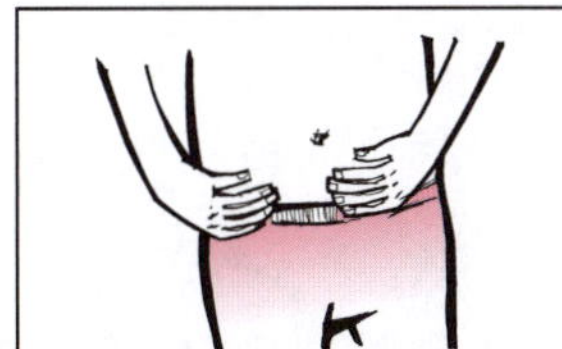

wǔ zhe bí
用手捂着鼻子

wǔ zhe tuǐ
用手捂着腿

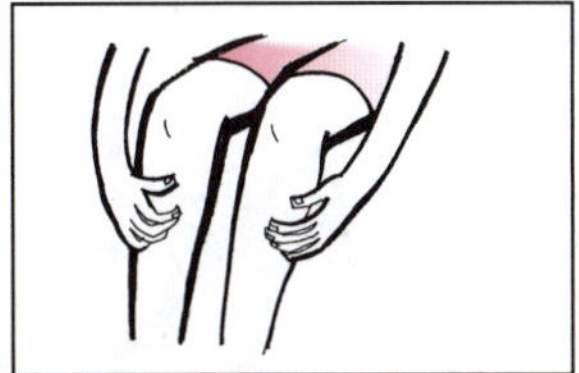

wǔ zhe
用手捂着________

嘴巴:mouth; 脸:face; 鼻子:nose; 腿:leg

① A：你的脸(liǎn)怎么了？为什么用手捂着(wǔ zhe)？

B：因为我觉得(de)脸(liǎn)很冷。

② A：你的嘴巴(zuǐ ba)怎么了？为什么用手捂着(wǔ zhe)？

B：因为我的牙很痛。

③ A：你的______怎么了？为什么用手捂着(wǔ zhe)？

B：因为我的______出血了。

④ A：你的______怎么了？为什么用手捂着(wǔ zhe)？

B：因为________________________________。

2 骑自行(xíng)车　　骑马　　骑摩托(mó tuō)车

我会________________________________。

我不会________________________________。

脸：face；嘴巴：mouth；鼻子：nose；腿：leg；摩托车：motocycle

① A：小兰怎么了？

B：她骑自行(xíng)车，不小心摔(shuāi)了下来，头撞(zhuàng)到地上，出血了。

② A：哥哥怎么了？

B：他骑摩托(mó tuō)车，不小心摔(shuāi)了下来，胳膊(gē bo)撞(zhuàng)到地上，出血了。

③ A：奶奶怎么了？

B：她走路，不小心摔倒(shuāi dǎo)了，左脚骨折(jiǎo gǔ zhé)了。

④ A：________怎么了？

B：________，不小心________，________撞(zhuàng)到________，出血了。

小朋友们，骑车走路一定要小心点，不要受(shòu)伤！

摩托车：motocycle；胳膊：arm；摔倒：fall down；骨折：fracture；受伤：get hurt

3

shuāi pò 摔破

① A：大山，你的头怎么会摔破（shuāi pò）的？

B：我骑马，不小心摔（shuāi）了下来，头撞（zhuàng）到地上，出血了。

② A：你的膝盖（xī gài）怎么会摔破（shuāi pò）的？

B：我踢（tī）足球（qiú），不小心摔倒（shuāi dǎo）了，膝盖（xī gài）撞（zhuàng）到了地上，出血了。

③ A：你的手怎么会摔破（shuāi pò）的？

B：我走路不小心滑倒（huá dǎo）了，手撞（zhuàng）到了地上，出血了。

④ A：你的____________怎么会摔破（shuāi pò）的？

B：________________，出血了。

⑤ A：________________怎么会摔破（shuāi pò）的？

B：____________________。

4

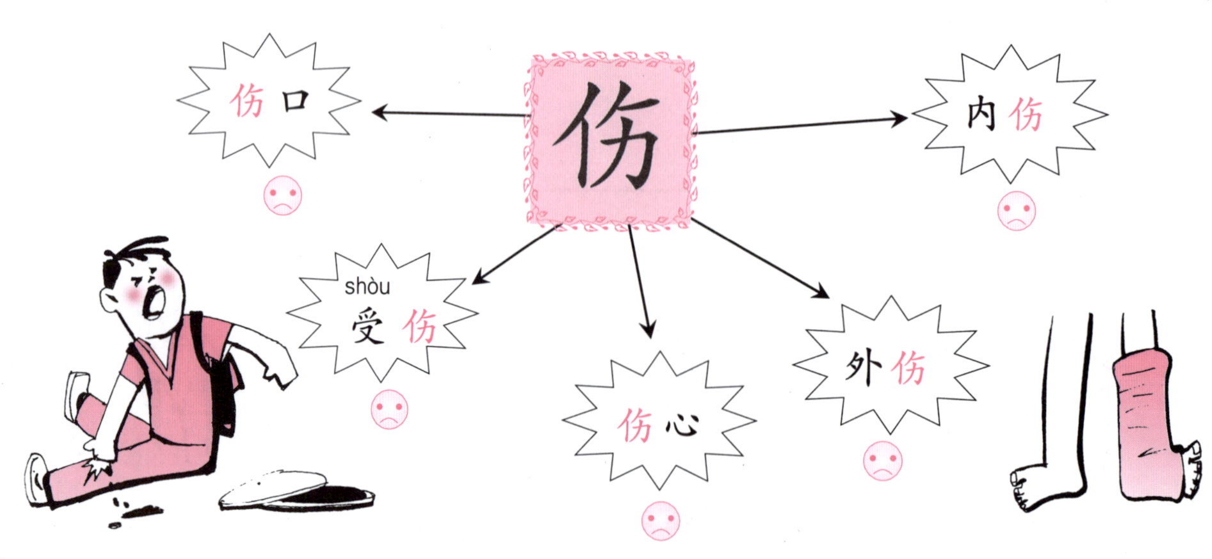

膝盖：knee；踢足球：play soccer；滑倒：slip down；受伤：get hurt；内伤：internal wound；外伤：external wound；伤心：heart-broken；

① A：哥哥怎么了？

B：他的头________，出了很多血，________很大呢！

② A：弟弟怎么了？

B：因为妈妈不让他玩电脑(nǎo)游(yóu)戏(xì)，所以他________地哭(kū)了。

③ 这是________；

看不见的伤就叫________。

5

小朋友，你怕(pà)痛吗？你可以忍(rěn)住痛吗？你是一个勇敢的孩子吗？

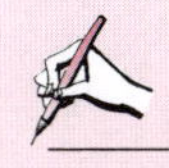

____

____

哭：to cry；电脑游戏：computer game；忍住：bear

6

小朋友，你知道什么叫发炎(yán)吗？伤口发炎(yán)的时候(shí hou)会红红的，会很痛！

眼睛(jīng)发炎(yán)　耳朵发炎(yán)　伤口发炎(yán)　咽喉(yān hóu)发炎(yán)

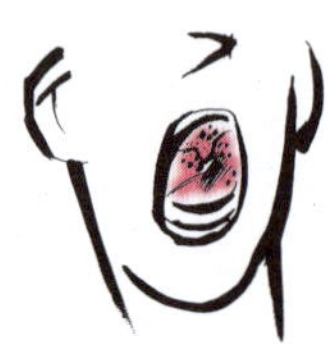

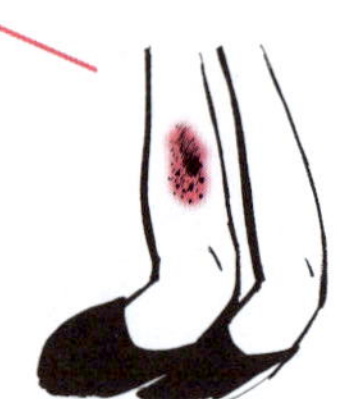

① A：大山怎么了？

B：他的眼睛(jīng)发炎(yán)了，红红的！还很严重(yán zhòng)呢！

② A：老师怎么了？

B：老师的咽喉(yān hóu)发炎(yán)了，__________。

③ A：__________怎么了？

B：__________发炎(yán)了，__________。

咽喉：throat

7

……差（chà）不多了，不过……

① A：你的中文作业做（zuò）完了吗？

B：差（chà）不多做（zuò）完了，不过我还需（xū）要好好检查（jiǎn chá）一下。

② A：你好朋友的病好点了吗？

B：差（chà）不多好了，不过她还需（xū）要吃药和休息（xiū xi）。

③ A：医生，我的伤口好了吗？

B：差（chà）不多了，不过你还需（xū）要来换三次药。

④ A：护士（hù shi），我的病好了吗？

B：差（chà）不多了，不过______________。

⑤ A：____________________吗？

B：差（chà）不多了，不过____________________。

差（chà）不多要放学了，可是我们还是要认（rèn）真地（de）学习！

检查：check；休息：have a rest；放学：school is over；认真：seriously

8

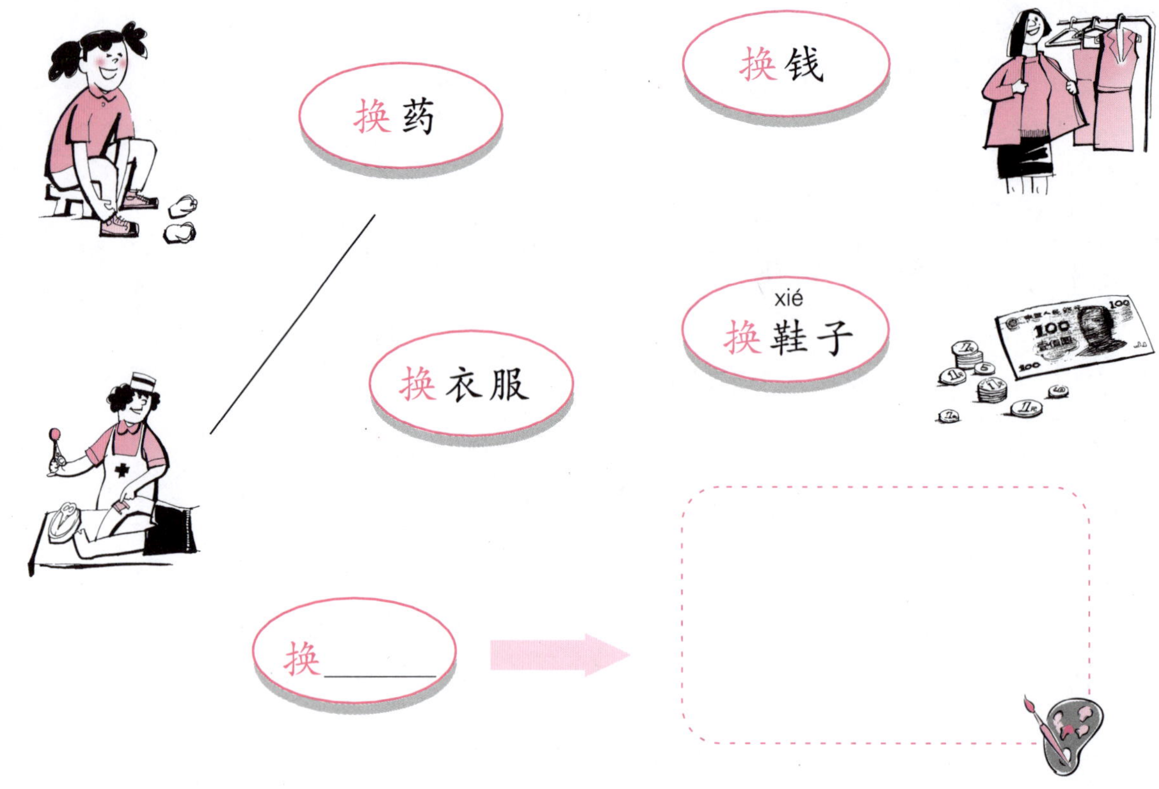

① A：医生，好了吗？

chà de
B：差不多了，不过记得明天来换药！

② A：妈妈在干什么？

B：妈妈要换衣服去参加朋友的生日晚会。

de tī
③ A：你还记得明天要踢足球吗？

de yùn xié
B：记得！别忘了必须换运动鞋，否则__________。

④ A：________________________________？

B：________________________________。

运动鞋：sport shoes

四 读对话、写对话并表演(Read and write and act the dialogues)

dú duì huà xiě duì huà bìng biǎo yǎn

① 医生：大山，你的头怎么了？为什么用手捂(wǔ)着(zhe)？

大山：我的头摔(shuāi)破(pò)了。

医生：怎么会摔(shuāi)破(pò)的？

大山：我骑自行车，不小心摔(shuāi)了下来，头撞(zhuàng)到了地上，出血了。

医生：来，让我看一看，请把手放开。

大山：好的。

② 医生：________，你的_______怎么了？为什么用手捂(wǔ)着(zhe)？

_______：我的____________摔(shuāi)破(pò)了。

医生：怎么会摔(shuāi)破(pò)的？

_______：________________。

医生：来，让我看一看，请把手放开。

_______：好的。

我们的表演(biǎo yǎn)非常棒(bàng)！
我们喜欢中文表演(biǎo yǎn)！

表演：performance

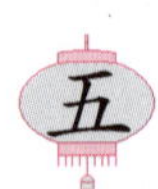

五 小调查(Questionnaires)

xiǎo diào chá

1 填空(Fill in the blanks)

tián kòng

我最怕(pà)吃________ 我最怕(pà)喝________

我最怕(pà)的动物是________ 我最怕(pà)的人是________

我最怕(pà)上的课是________ 我最怕(pà)去的地方是________

我最怕(pà)的一件事(shì)是________

____

2

pà
你最怕……

姓名	你最怕(pà)吃什么?	你最怕(pà)什么动物?	你最怕(pà)什么人?	你最怕(pà)上什么课?
________老师				
________				
________				

一件事: an event

六 阅读理解(Reading comprehension)

昨天学校运动会上，张明跑步的时候不小心摔破了膝盖，膝盖上有一个很大的伤口，体育老师把他送到了学校医务室。夏医生看了看张明的伤口说：“你的伤口很大很深，我必须帮你把伤口缝起来！”夏医生先把他的伤口洗干净，然后拿着针对他说：“忍着点，孩子，有点痛！”医生缝好伤口后又搽了药，最后把伤口包了起来。夏医生说张明是个勇敢的男孩！

判断对错(True or false)

① 张明跑步的时候，他的腿受伤了。☐

② 体育老师把张明送到了医院。☐

③ 夏医生必须把张明的伤口缝起来，因为他的伤口很严重。☐

④ 夏医生说张明是个勇敢的孩子。☐

运动会：sports day,an athletic meeting 跑步：running；膝盖：knee；体育：P.E.；医务室：clinic；深：deep；缝：stitch；针：needle

第五课　大减价

jiǎn

一 写汉字 (Write characters)

xiě hàn zì

kòng
丶 丷 宀 宂 穴 空 空 空

空

有空

ma
丨 冂 口 口7 吗 吗

吗

吗

zhǔ
丶 二 三 丰 主

主

主意

yì
丶 亠 亠 立 产 产 音 音 音 音 意 意 意

意

主意

tiáo
丿 夕 夂 冬 条 条 条

条

一条

xíng
㇒ 彳 彳 彳 行 行
行
流行

shì
丶 讠 讠 讠 讠 讠 试 试
试
试穿

shì
丶 丶 宀 宀 宀 宀 宀 宀 室
室
试衣室

yòu
フ 又
又
又

pèi
一 丆 丙 丙 西 西 酉 酉 酉 配
配
配

huáng
一 十 廾 廾 廾 昔 昔 昔 黄 黄 黄
黄
黄色

gěi duō yīn zì biāo pīn yīn

二 给多音字标拼音(Write Pinyin on polyphone)

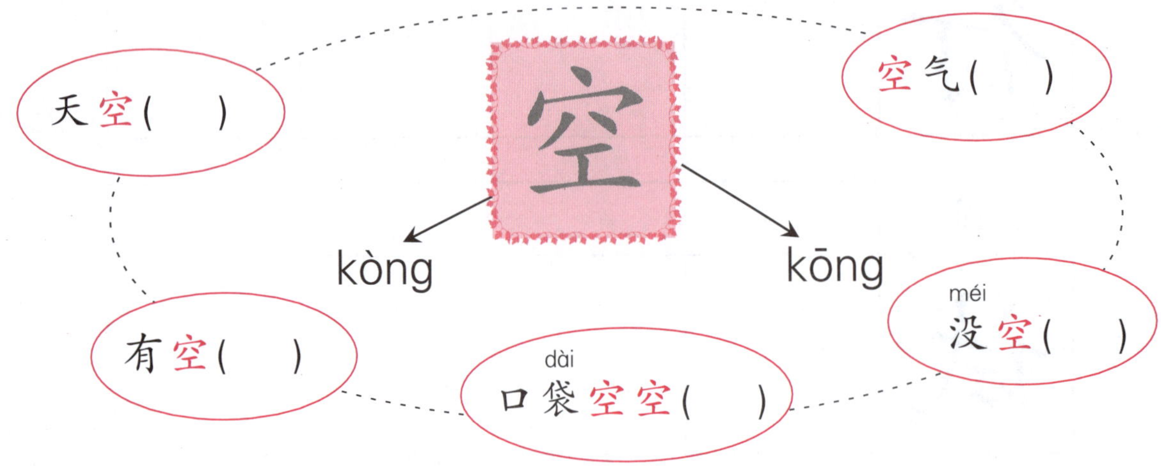

yīn
我又学会了一个多音字！

de　　de　　yīn
你还记得学过的多音字吗？

比如：___乐___，______和______。

dú cí yǔ bìng lián xiàn

三 读词语并连线(Read and match)

口袋:pocket; 衬衫:shirt

2

原价 200
¥200元
商品原价
¥1200元
现价
¥600元
guàng jiē
逛街
时装街
大减价
结账
100元
yín
收银台
shì
试衣室
yíng
营业员

四 量词填空(liàng cí tián kòng) (Measure words practice)

小朋友，你知道哪些量词(liàng)？

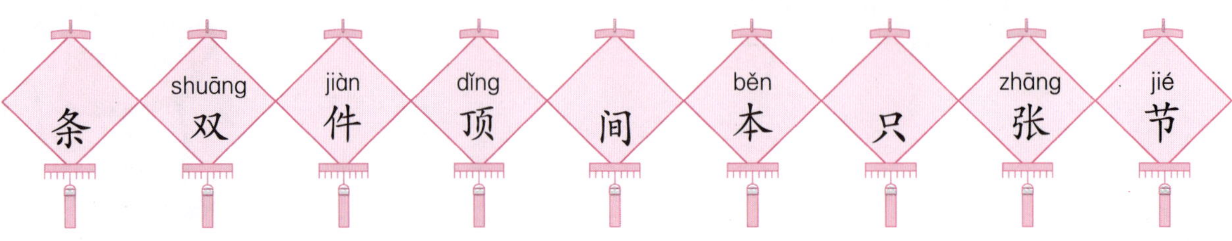

① 上个星期六，我和妹妹去逛街(guàng jiē)，买了两(　　)牛仔(zǎi)衣和一(　　)牛仔帽(zǎi mào)。

② 我的哥哥最喜欢穿牛仔(zǎi)裤了，他有二十(　　)牛仔(zǎi)裤。

③ 妈妈有许多(　　)皮鞋(pí xié)，有的是黑色的，有的是白色的，还有的是咖啡(kā fēi)色的。

④ 在我的书包里，有很多(　　)书，有中文书、英(yīng)文书和数(shù)学书等等。

⑤ 上海(hǎi)耀(yào)中国际学校的学生们每天都有一(　　)中文课。

⑥ 小兰的家很大，有四(　　)卧(wò)室和两(　　)客厅。

⑦ 乘出租(zū)车的时候(shí hou)，我们都会拿到(dào)一(　　)出租(zū)车的发票。

⑧ 我有一(　　)可爱的宠(chǒng)物——它是一(　　)白色的波斯猫(bō sī māo)。

皮鞋：leather shoes；咖啡色：brown；等等：and so on；发票：receipt

五 读读、写写、连线或画图 (Read,write match or draw)

dú dú xiě xiě lián xiàn huò huà tú

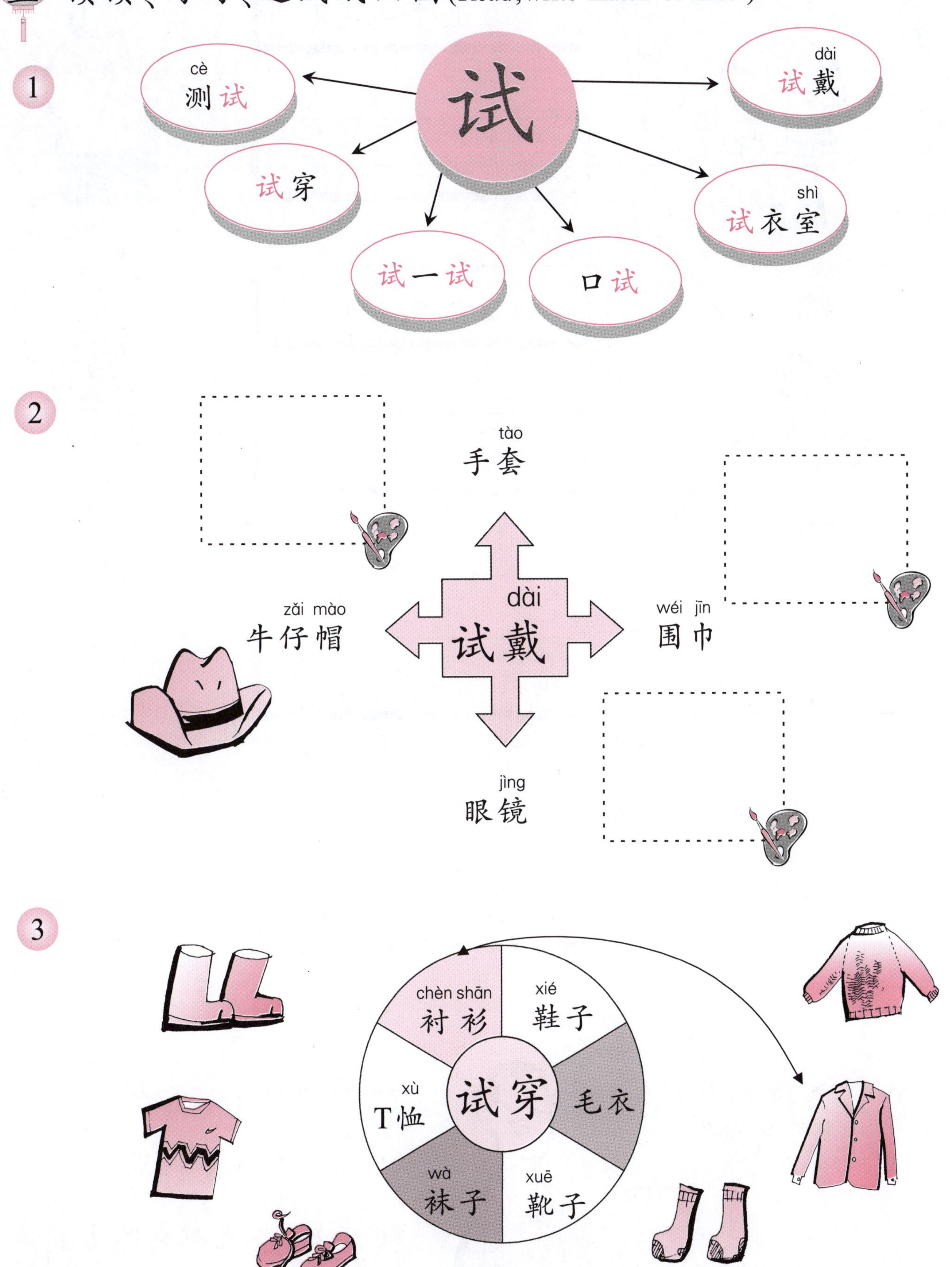

测试:test, examnation; 口试: oral test; 试戴: try to wear; 手套: gloves; 围巾: scarf; 眼镜:glasses; T恤:T-shirt; 袜子: socks; 靴子: boots; 毛衣: woolen sweater

4

shāo wēi
稍微长了一点儿

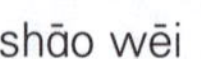

shāo wēi
稍微大了一点儿

shāo wēi
稍微短了一点儿

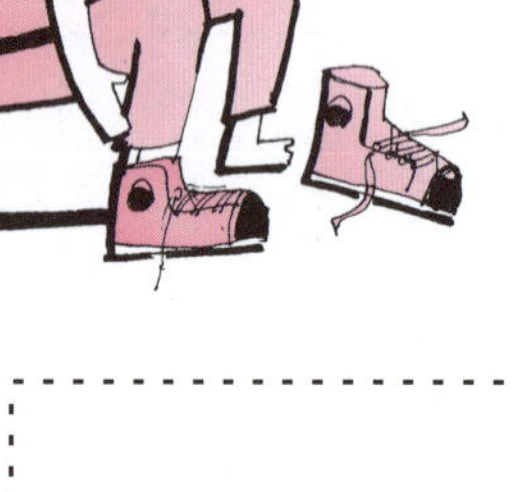

shāo wēi pàng
稍微胖了一点儿

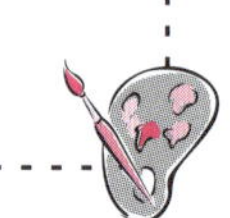

shāo wēi
稍微______了一点儿

shāo wēi
稍微______了一点儿

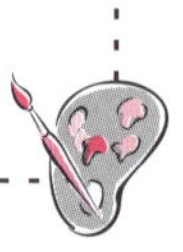

今天的中文课怎么样？

shāo wēi
A 稍微难了一点儿

shāo wēi
B 稍微容易了一点儿

C 正好，不太难也不太容易

5

深颜色（yán）

深红色　深灰色　深蓝色　深棕（zōng）色　深绿色

白色　深紫（zǐ）色　浅紫（zǐ）色　黑色

浅颜色（yán）

浅红色　浅灰色　浅蓝色　浅棕（zōng）色　浅绿色

我喜欢＿＿＿＿，＿＿＿＿和＿＿＿＿；

我不喜欢＿＿＿＿，＿＿＿＿和＿＿＿＿。

6

又漂亮又合身　又聪（cōng）明又勇敢　又快又好

又便宜（pián yi）又好　又大又干净　又＿＿＿又＿＿＿

① 小兰觉得（de）马丽试穿的这条牛仔（zǎi）裤＿＿＿＿＿。♡

② 我们的中文教（jiào）室＿＿＿＿＿。♡

③ 大山是一个＿＿＿＿＿的澳（ào）大利（lì）亚（yà）男孩（hái）。♡

④ 中文老师夸奖（kuā jiǎng）我的汉字写得（de）＿＿＿＿＿。♡

⑤ 这双运（yùn）动鞋（xié）原价五百元，现在打对折（zhé），真是＿＿＿＿＿。♡

⑥ ＿＿＿＿＿＿＿＿＿＿＿＿＿＿＿＿。♡

教室：classroom；夸奖：to praise；运动鞋：sport shoes

7

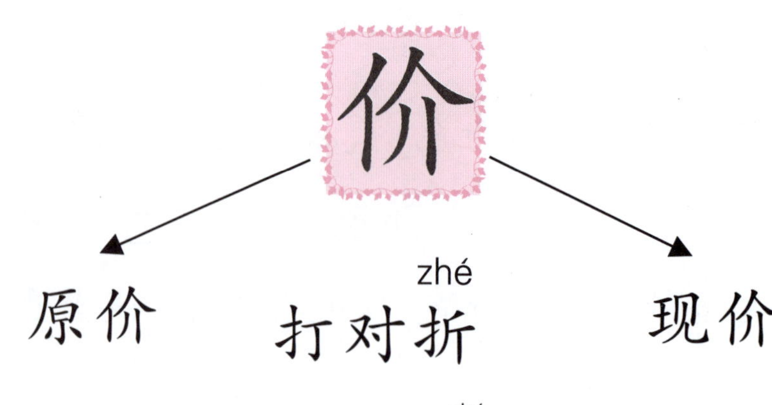

① 这条牛仔裤原价两百元，现在打对折(zhé)，________元。

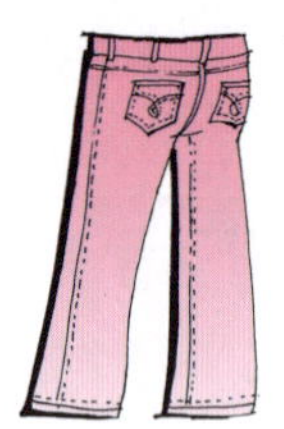
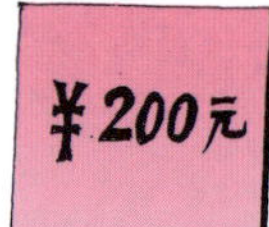

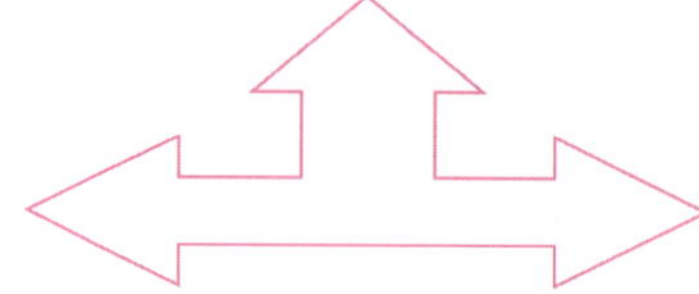

② 这双运动鞋(yùn xié)原价________元，现在打对折(zhé)，三百元。

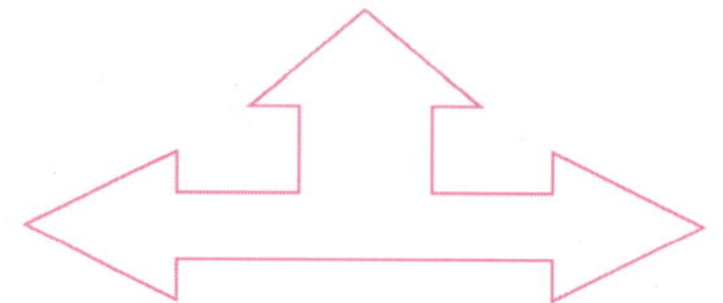
现价
¥300元

③ 这件T恤(xù)原价________元，现在打对折(zhé)，________元。

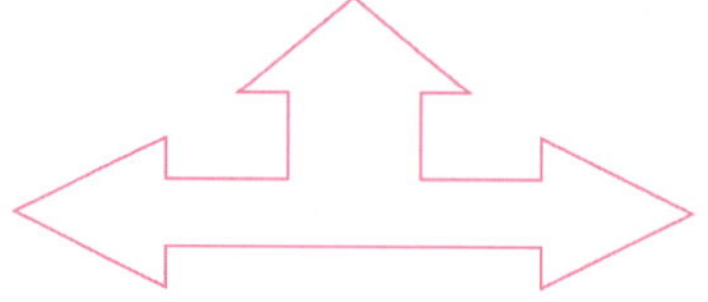
现价
¥

④ 这________原价________元，现在打对折(zhé)，________元。

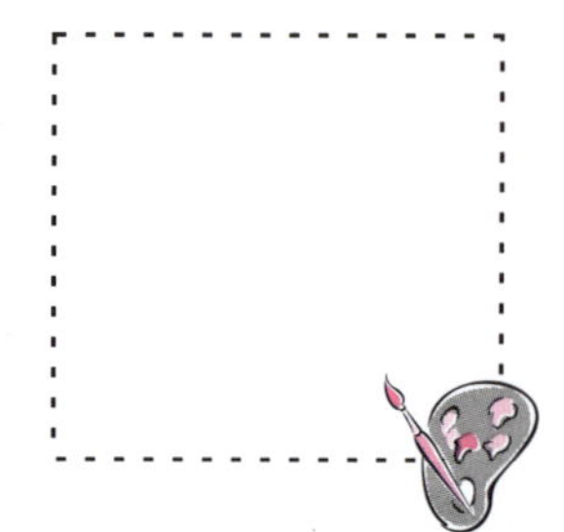
原价
¥
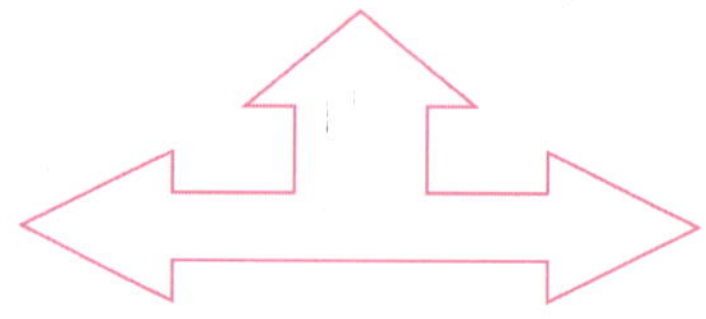
现价
¥

运动鞋：sport shoes

如果一件商品(pǐn)原价是一百元，

现在打三折(zhé)，现价是__________元；

现在打六折(zhé)，现价是__________元；

现在打八折(zhé)，现价是__________元。

8 读句子，写句子(dú jù zi, xiě jù zi)(Read and complete sentences)

(1)

① 马丽想买一顶(dǐng)牛仔(zǎi)帽(mào)配这条蓝色的牛仔(zǎi)裤。

② 小兰想买一双白色的皮(pí)鞋(xié)配她红色的牛仔(zǎi)裙(qún)。

③ 妈妈想买一只黑色的包配她的紫(zǐ)色大衣。

④ 姐姐想买____________配____________。

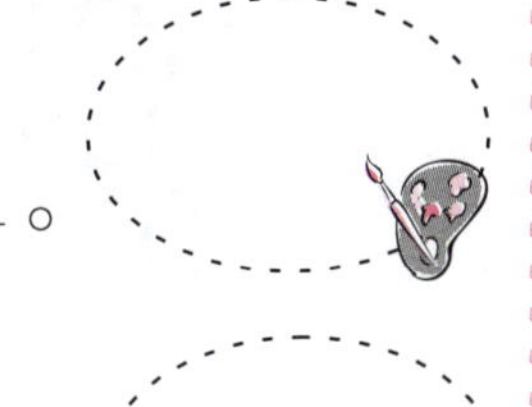

⑤ ________想买____________配____________。

商品：commodity；皮鞋：leather shoes；大衣：overcoat

(2)

① 马丽觉得(de)这顶(dǐng)浅灰色的牛仔帽(zǎi mào)和白色的牛仔(zǎi)裤很配。☺

② 爸爸觉得(de)深蓝色的西服(fú)和黑色的皮鞋(pí xié)很配。☺

③ 弟弟觉得(de)绿色T恤(xù)和棕(zōng)色的短裤不太配。☹

④ 妹妹觉得(de)红色的帽(mào)子和______很不配。☹

⑤ 我觉得(de)______和______很配。☺

⑥ 我觉得(de)______和______很不配。☹

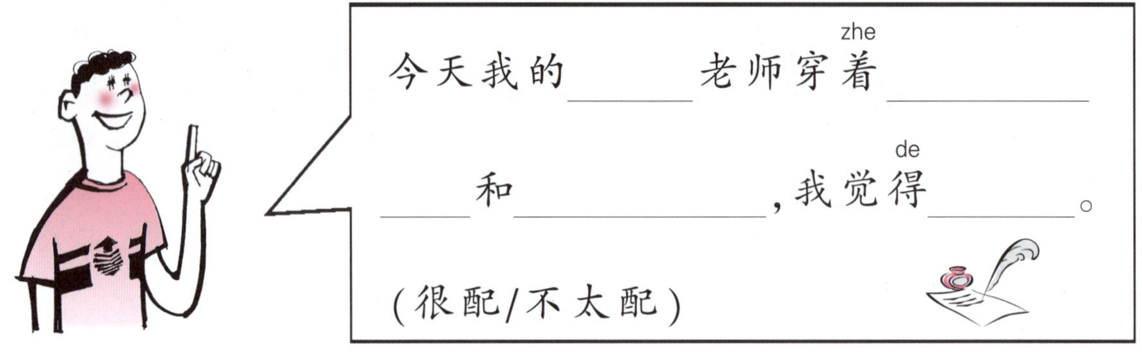

(3)

① 我不太喜欢这种颜(yán)色，太深了，请给我看看那顶(dǐng)浅灰色的帽(mào)子。

② 我不太喜欢这种颜(yán)色，太深了，请给我看看那件浅绿色的衬衫(chèn shān)。

西服：western-style clothes；皮鞋：leather shoes；T恤：T-shirt；短裤：pants；衬衫：shirt

③ 我不太喜欢这种颜(yán)色，太________了，请给我看看那双深棕(zōng)色的靴(xuē)子。

④ 我不太喜欢这种颜(yán)色，太浅了，请给我看看________________________。

⑤ 我不太喜欢这种颜(yán)色，太________，请给我看看________________________。

(4) ① 我们的帽(mào)子全部打六折。

② 我们的________全部打对折。

③ 这个书店的书全部打________折。

④ 我们的________全部打________折。

⑤ ________全部打________折。

(5)
① 我也买一顶(dǐng)和她一样的帽(mào)子。

② 我也试穿一条牛仔(zǎi)裤和姐姐一样的。

③ 大山也穿了和我一样的一件毛衣。

④ 小兰也________和________一样的________。

⑤ ________也________和________一样的________。

靴子：boots；毛衣：sweater

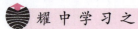

六 dú duì huà xiě duì huà bìng biǎo yǎn 读对话、写对话并表演(Read and write and act the dialogues)

1

① 马丽：小兰，你现在有空吗？

小兰：有空，你有什么事吗？

马丽：我们一起去逛(guàng)街(jiē)好吗？

很多大商店现在都在换季(jì)大减价。

小兰：好主意！

② ______：______，你现在有空吗？

______：有空，你有什么事吗？

______：我们一起去______好吗？

现在是圣(shèng)诞(dàn)节，很多商店都在节(jié)日大减价。

______：好主意！

小朋友，你还知道什么时(shí)候(hou)会大减(jiǎn)价？

比如：________大减(jiǎn)价，________大减(jiǎn)价

和________大减(jiǎn)价。

圣诞节：Christmas；节日：festival, holiday

2

① A：这个周末(mò)你有空吗？

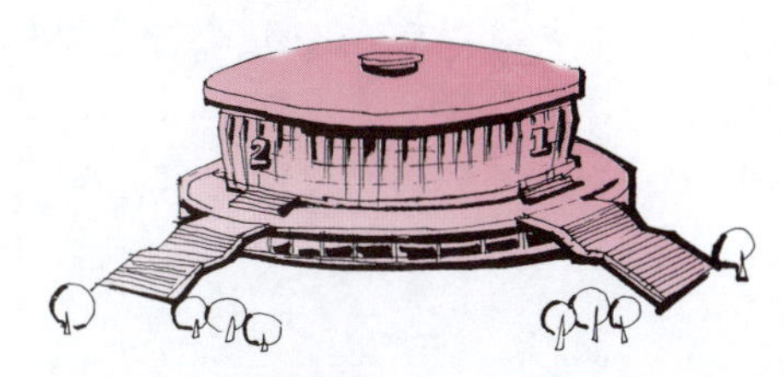

B：有空，你有什么事(shì)吗？

A：我们一起去上海(hǎi)体(tǐ)育(yù)馆(guǎn)游泳，好吗？

B：太棒(bàng)了！我很想去。

② A：________你有空吗？

B：有空，你有什么事(shì)吗？

A：________，好吗？

B：________。

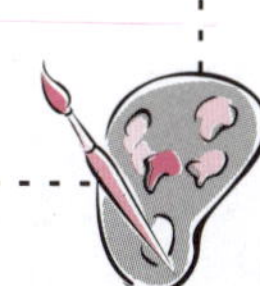

3

① 营(yíng)业员：欢迎光临(lín)，请随(suí)便(biàn)看看。

马丽：这条牛仔(zǎi)裙(qún)的样子不错。

营(yíng)业员：这是现在最流行的样子。

马丽：请问我可以试穿吗？

营(yíng)业员：当然可以，试(shì)衣室在收银(yín)台的左边。

体育馆：gymnasium

② 营(yíng)业员：欢迎光临(lín)，请随便(suí biàn)看看。

小兰：这条围巾(wéi jīn)的样子不错。

营(yíng)业员：这是现在最流行的样子。

马丽：请问我可以试戴(dài)吗？

营(yíng)业员：当然可以，镜(jìng)子在这里，你看看。

③ 营(yíng)业员：欢迎光临(lín)，请随便(suí biàn)看看。

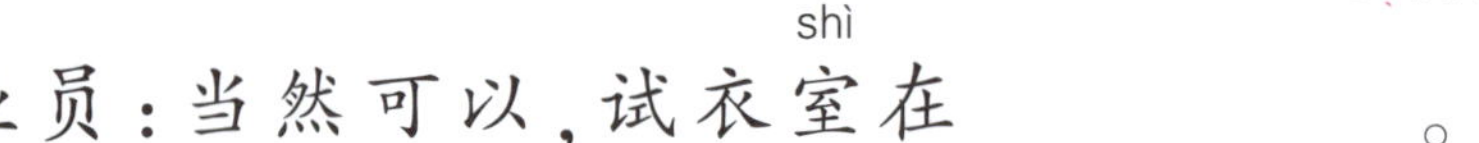

______：__________的样子不错。

营(yíng)业员：这是现在最流行的样子。

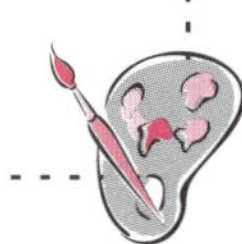

______：请问我可以______吗？

营(yíng)业员：当然可以，试(shì)衣室在__________。

4

① 营(yíng)业员：这双鞋(xié)怎么样？小朋友，合脚(jiǎo)吗？

马丽：我觉得(de)稍微(shāo wēi)小了一点，请问有没有

再大一点的鞋(xié)？

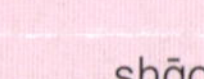

营(yíng)业员：我帮你找一找，请稍(shāo)等。

马丽：多谢你。

围巾：scarf；镜子：mirror；合脚：fit the feet

yíng dǐng zǎi mào shì

② 营业员：这顶牛仔帽怎么样？合适吗？

de shāo wēi

马丽：我觉得稍微大了一点，请问有

zǎi mào

没有小一点儿的牛仔帽？

yíng shāo

营业员：我帮你找一找，请稍等。

马丽：谢谢你。

yíng

③ 营业员：__________怎么样？__________吗？

de

______：我觉得__________，

请问有__________？

yíng shāo

营业员：我帮你找一找，请稍等。

______：谢谢。

5

zǎi

① 马丽：看，这条浅蓝色的牛仔裤怎么样？ 

bàng jí

小兰：棒极了！又漂亮又合身。

马丽：好，我就买这条浅蓝色的，请问，多少钱？ 

yíng zhé

营业员：原价是四百二十元，现在打对折，两百一十元。

合适：to fit

马丽：给你钱。

yíng
营业员：谢谢，欢迎下次再来。

② 大山：你看，__________怎么样？

bàng jí
小明：棒极了！又________又________。

大山：好，我就买__________，请问，多少钱？

yíng zhé
营业员：原价是________元，现在打______折，________元。

大山：给你钱。

yíng
营业员：谢谢，欢迎下次再来。

七 阅读理解 (Reading comprehension)

yuè dú lǐ jiě

选词填空 (Fill in blanks)

xuǎn cí tián kòng

上个星期六，我和妹妹去________，因为妹妹说她想买一顶(dǐng)牛(niú)仔(zǎi)帽(mào)______她白色的牛(niú)仔(zǎi)裙(qún)。我们去的那个店正在________。卖帽(mào)子的________说这里的帽(mào)子全部(bù)打______折(zhé)。妹妹______了五顶(dǐng)帽(mào)子，最后她选了一顶(dǐng)浅蓝色的帽(mào)子，________是八十元，现在________，只要四十元。妹妹觉得这顶(dǐng)帽(mào)子又便(pián)宜(yi)又好看，她非常喜欢！

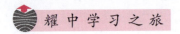

第六课 假期计划

jì huà

写汉字(Write characters)

xiě hàn zì

拼音	字	笔顺	词语
jué	决	丶 冫 冖 冮 决 决	决定
tīng	听	丨 口 口 口´ 叮 听 听	听说
jìn	近	´ 厂 斤 斤 ´斤 䜣 近	附近
yú	鱼	ノ ク ク 各 备 角 备 鱼	钓鱼 (diào)
guǎn	馆	ノ ㇒ 饣 饣 饣 饣 饣 馆 馆 馆 馆	宾馆

pián

丿 亻 亻 亻 伒 伒 佰 便 便

便

便宜

yì

丶 丶 宀 宀 宁 宁 官 宜

宜

便宜

qù

一 十 土 キ 丰 丰 走 走 赴 赳 赳 趄 趄 趣 趣

趣

兴趣

dài

一 十 卄 卅 卅 芇 芇 带 带

带

带

zhǎo pīn yīn

二 找拼音(Math the right Pinyin to these characters)

三 读读画画(Read and draw pictures)

dú dú huà huà

我喜欢假期。这个假期我计划(jì huà)去……

度假

吃海鲜(hǎi xiān)

骑马

游泳(yǒng)

烧烤(shāo kǎo)

钓(diào)鱼

旅(lǚ)游/旅(lǚ)行(xíng)

爬(pá)山

打高尔(ěr)夫(fū)

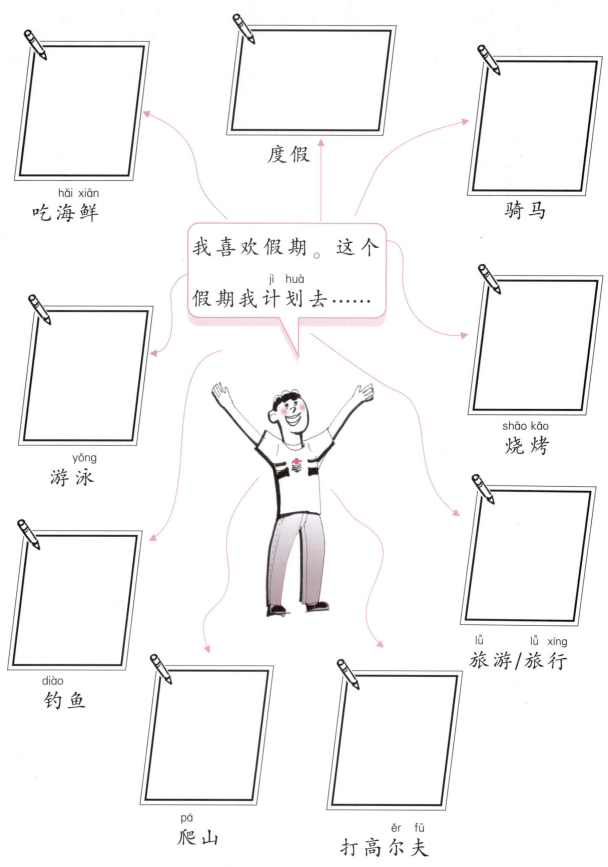

爬山：mountain climbing；旅游：tour, trip

四 读读写写 (Read and write)

dú dú xiě xiě

1

还有……就要……

① 还有一个星期就要放假了。

② 还有一个月就要过圣诞(shèng dàn)节了。

③ 还有五分钟(zhōng)就要上中文课了。

④ 还有一个多小时(shí)就要________了。

⑤ 还有________爸爸就要去飞机场了。

⑥ 还有十分钟(zhōng)________就要________了。

⑦ 还有________ ________就要

________了。

⑧ 还有________ ________就要

________了。

圣诞节:Christmas; 小时:hour; 飞机场:airport

2

① 时间过得真快！现在已经是春天了。

② 时间过得真快！还有一天就要过周末了。

③ 时间过得真快！妈妈已经________岁了。

④ 时间过得真快！我来上海已经________多了。

⑤ 时间过得真快！还有________就要________了。

⑥ 时间过得真________！现在已经________了，我该________了。

⑦ 时间过得真快！________。

⑧ 时间过得真慢！________。

3

lǚ méi
① 我打算去旅游，可是我还没有决定去哪里。

bǎo líng méi hóu
② 我打算去打保龄球，可是我还没有决定什么时候去。

yǐng méi yǐng
③ 爸爸打算去看电影，可是他还没有决定看什么电影。

méi
④ 妈妈打算去________，可是她还没有决定去哪里。

dǐng mào méi
⑤ 马丽打算去买一顶帽子配她的________，可是她还没有

yán mào
决定买什么颜色的帽子。

⑥ 我打算去__________ 可是我 ______________________

__________。

méi
⑦ ________ 打算去__________，可是_______还没有决定

____________________。

我打算去__________，

méi
可是我还没有决定________。

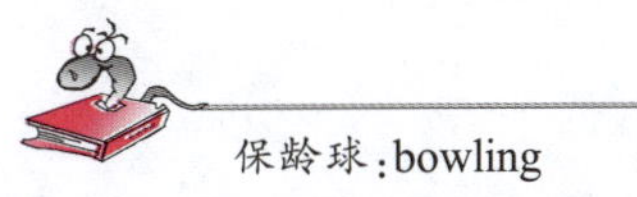

保龄球：bowling

4

听说＿＿＿＿＿＿

① 听说太阳岛那里什么都有，有吃有玩有住。

② 听说太阳岛那里的海鲜(xiān)味道不错，是一个度假的好地方。

③ 听说那里有专线(zhuān xiàn)车，我们可以乘专线(zhuān xiàn)车去。

④ 听说上海的冬天＿＿＿＿＿，夏天＿＿＿＿＿。

⑤ 听说你的英(yīng)文老师有＿＿＿＿＿＿＿＿＿＿。

⑥ 听说小明会说四国语言(yǔ yán)，它们是：英(yīng)文、中文、法语(yǔ)和西班牙语(yǔ)。

⑦ 听说＿＿＿＿＿＿＿＿＿＿＿＿＿＿。

⑧ 听说＿＿＿＿＿＿＿＿＿＿＿＿＿＿。

语言：language；法语：Franch；西班牙语：Spanish

dú duì huà xué jù xíng bìng wán chéng zuì hòu yī gè duì huà

5 读对话，学句型并完成最后一个对话

(Read dialogues, learn the sentences and complete the last dialogue)

(1)

sū zhōu

A：这个假期我打算去苏州度假。

sū zhōu méi

B：苏州？我没听说过，在什么地方？

A：就在上海附近。

yáng zhōu

A：这个假期我打算去扬州度假。

yáng zhōu méi

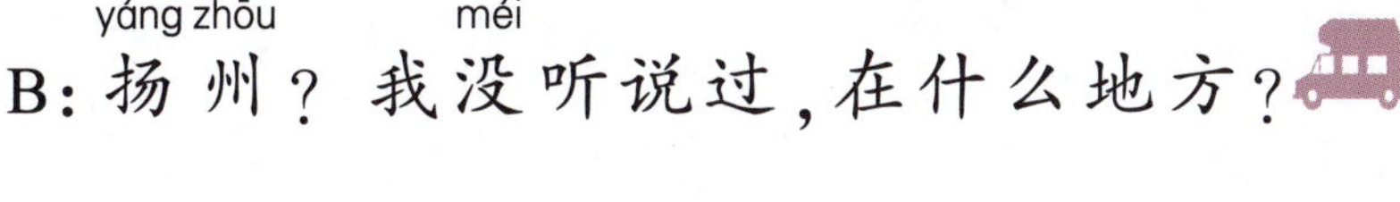

B：扬州？我没听说过，在什么地方？

nán

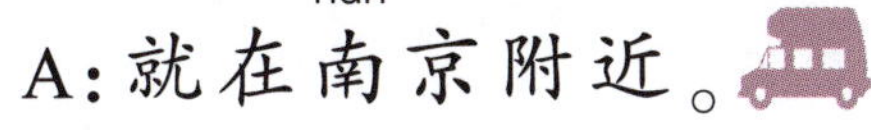

A：就在南京附近。

A：这个假期我打算去_______度假。

méi

B：_______？我没听说过，在什么地方？

A：就在_______附近。

苏州：Suzhou；扬州 Yangzhou；南京：Nanjing

(2)

A：在太阳岛有什么好玩的吗？☺

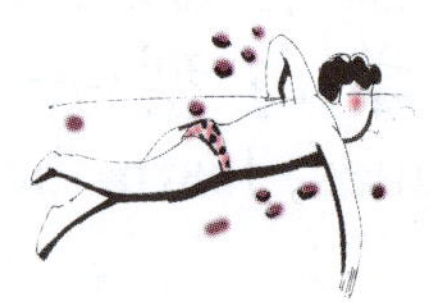

B：在太阳岛可以游泳，可以骑马，可以

ěr fū　　shāo kǎo　diào
打高尔夫，还可以烧烤和钓鱼呢！☺

ào　lì yà
A：在澳大利亚可有什么好玩的吗？

ào　lì yà　　dài shǔ　　bào kǎo
B：听说在澳大利亚可以看袋鼠，可以抱考

xióng　　xiān
拉熊，还可以吃海鲜。☺

A：在中国有什么好玩的吗？☺

B：在中国我可以________，可以________，

还可以______________。☺

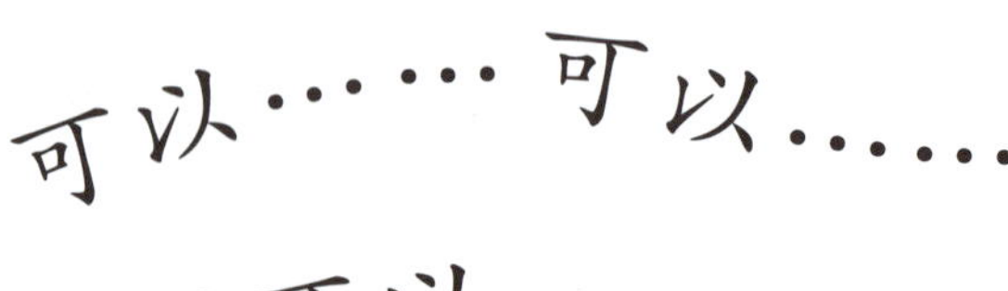

袋鼠：kangaroo；抱：hold or carry in the arm；考拉熊：koala

(3)

méi
你有没有兴趣一起去＿＿＿＿呢？

méi
小丽：小明，你有没有兴趣一起去骑马？

méi pà
小明：对不起，我没有兴趣，因为我最怕骑马。

méi guàng jiē
妈妈：大山，你有没有兴趣一起去逛街？

méi
大山：对不起，我没有兴趣，因为＿＿＿＿＿＿＿＿＿＿＿＿＿＿＿＿＿＿。

méi
＿＿＿：＿＿＿＿＿，你有没有兴趣一起去＿＿＿＿＿＿＿＿？

＿＿＿：＿＿＿＿＿＿＿＿＿＿＿＿＿＿＿＿＿＿＿＿＿＿＿＿。

(4)

yán
一言为定

大山：小明，你喜欢钓(diào)鱼吗？

星期六上午我们一起

去钓(diào)鱼好吗？

小明：太好了！星期六我正

好有空。

大山：那好，我们一言(yán)为定！

小明：好，一言(yán)为定。

______：____________________

____

____________。

______：____________________

____________________。

______：那好，我们一言(yán)为定！

______：好，一言(yán)为定。

gēn jù duì huà huí dá wèn tí

五 根据对话，回答问题(Read dialogue, answer the questions)

小明：小丽，你有没有兴趣去海南岛度假？

小丽：好呀！我最喜欢旅游啦。听说海南岛的大海非常漂亮。是个度假的好地方。

小明：你知道从上海去海南岛需要多少时间？

小丽：坐飞机大概需要两个小时。

小明：那好，我去买飞机票，你可以先整理东西。别忘了带上游泳衣。

小丽：好的，一言为定！

小明：一言为定！

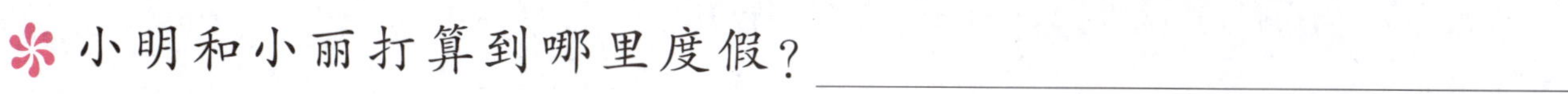

✿ 小明和小丽打算到哪里度假？________

✿ 他们打算怎么去那里？________

✿ 路上需要多少时间？________

✿ 他们打算在那里做什么？________

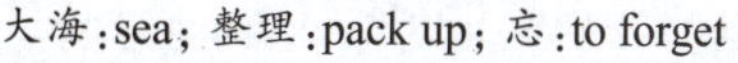

大海：sea；整理：pack up；忘：to forget

yuè dú lǐ jiě

六 阅读理解(Reading comprehension)

每年的十二月和一月，同学们都特别高兴，因为一个长长的假期在等着他们呢(ne)！

今年的假期，听说马丽计划(jì huà)坐飞机去海南(hǎi nán)岛游泳，还要品尝(pǐn cháng)那里的海鲜(hǎi xiān)。大山决定假期去瑞士滑(ruì shì huá)雪。小兰(lán)的假期计划是和她的爸爸、妈妈还有两个哥哥一起留(liú)在上海(hǎi)，参观(cān guān)上海博(hǎi bó)物馆，去豫(yù)园玩，品尝上海小吃，最后再去附近的城隍庙逛街购(chéng huáng miào guàng jiē gòu)物。

你有什么特别的假期计划呢(jì huà ne)？

pàn duàn duì cuò

判断对错(True or false)

① 马丽的假期计划(jì huà)是去瑞士滑(ruì shì huá)雪。………………… ☐

② 大山的假期计划(jì huà)是坐飞机去太阳岛游泳。…… ☐

③ 小兰(lán)的假期计划(jì huà)是和全家一起留(liú)在上海(hǎi)。…… ☐

④ 城隍庙(chéng huáng miào)在豫(yù)园的附近。……………………… ☐

品尝：to taste；滑雪：skiing；留：to stay；博物馆：museum；豫园：Yu Garden；城隍庙：the Cheng Huang Temple；购物：go shopping

第七课 度假(一)在宾馆

xiě hàn zì
一 写汉字(Write characters)

xīn
新
丶 亠 亠 亣 立 立 辛 辛 亲 亲 新 新 新
新鲜

xiān
鲜
丿 ⺈ ⺈ 各 各 角 角 鱼 鱼 鱼 鲜 鲜 鲜 鲜
海鲜

dān
单
丶 丷 丷 冂 冂 甴 甴 单
单人房

shuāng
双
フ 又 双 双
双人房

lóu
楼
一 十 才 木 木 杧 杧 柈 柈 栚 楼 楼 楼
一楼

biǎo	一 二 ≠ 丰 声 老 表 表
表	

tián
填表

zhǎo pīn yīn
二 找拼音(Math the right Pinyin to these characters)

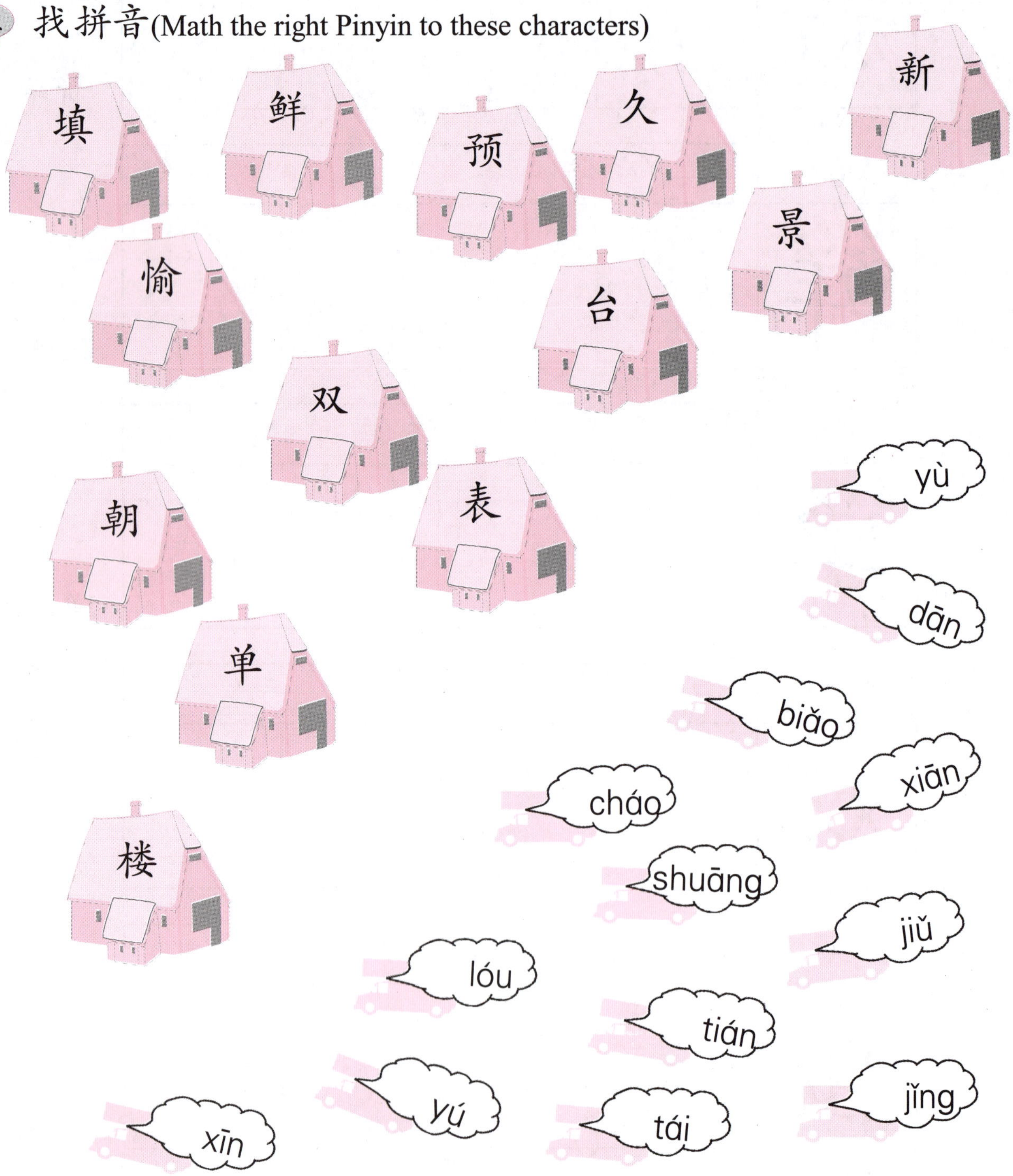

填 鲜 预 久 新 景 愉 台 双 朝 表 单 楼

yù dān biǎo xiān cháo shuāng jiǔ lóu tián yú tái jǐng xīn

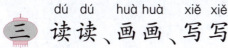

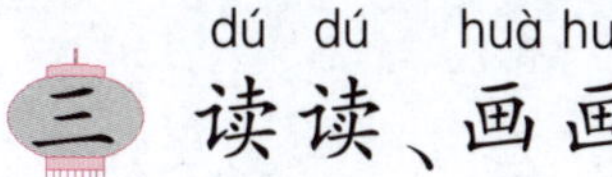

三 读读、画画、写写(Read, draw and write)

dú dú huà huà xiě xiě

1 画一画(draw pictures)

huà yī huà

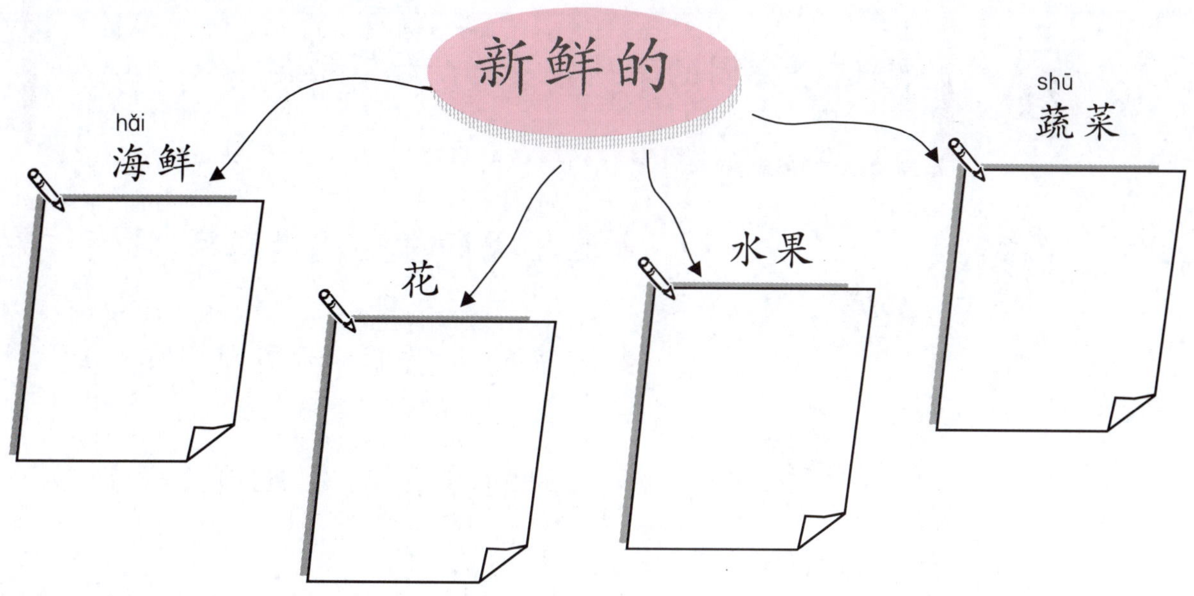

2 读词语和句子，并画画(Read words and sentences and draw pictures)

dú cí yǔ hé jù zi bìng huà huà

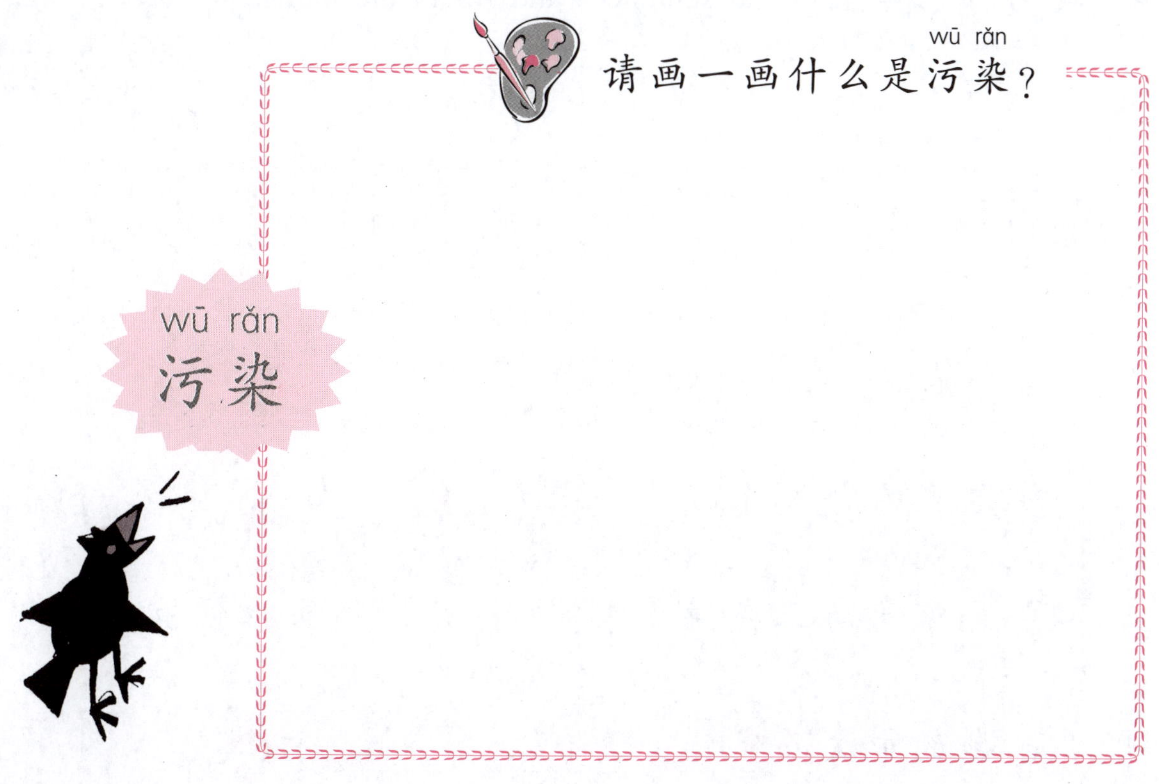

wū rǎn
请画一画什么是污染？
wū rǎn
污染

蔬菜：vegetable

想一想：你生活的地方有污染吗？

你会读吗？

◎这里的空气污染很严重。

◎这个公园的草地很干净，没有污染。

★这座城市的空气很新鲜，没有污染。

★河里的水很脏，污染很严重。

★上海的污染情况比前几年好多了！

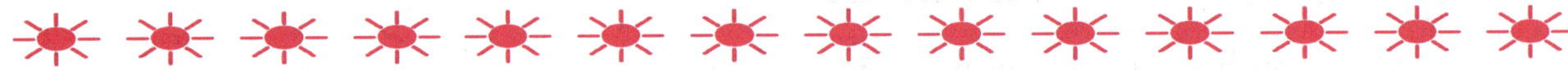

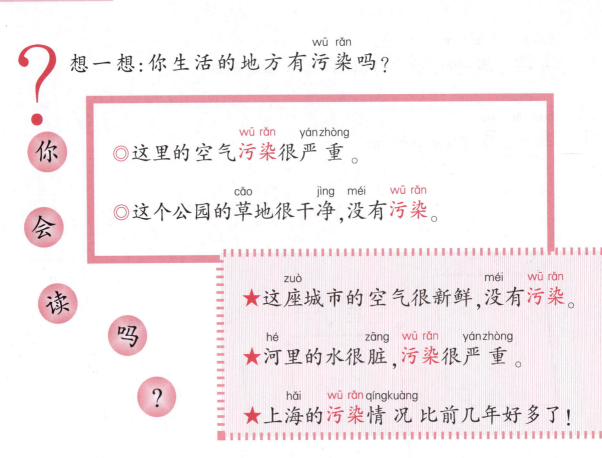

3 读句子，填空 (Read sentences and fill in the blanks)

确实

① "太阳岛"的空气新鲜，没有污染，风景也很美，确实是个旅游、度假的好地方！

② 这里的海鲜味道确实很好！

③ 那家商店正在换季大减价，衣服确实很便宜！

④ 她的中文确实＿＿＿＿＿＿＿＿＿＿。

生活：to live；公园：park；草地：lawn；座：a measure word；河：river；脏：dirty；情况：situation

⑤ 他确实（què shí）是个调皮（tiáo pí）的男孩！

⑥ 上海（hǎi）确实（què shí）________。

⑦ 这个公园附近工厂（gōng chǎng）太多，污染（wū rǎn）确实（què shí）很严重（yán zhòng）。

4 读词语，画画（dú cí yǔ huà huà）(Read words and draw pictures)

(1)

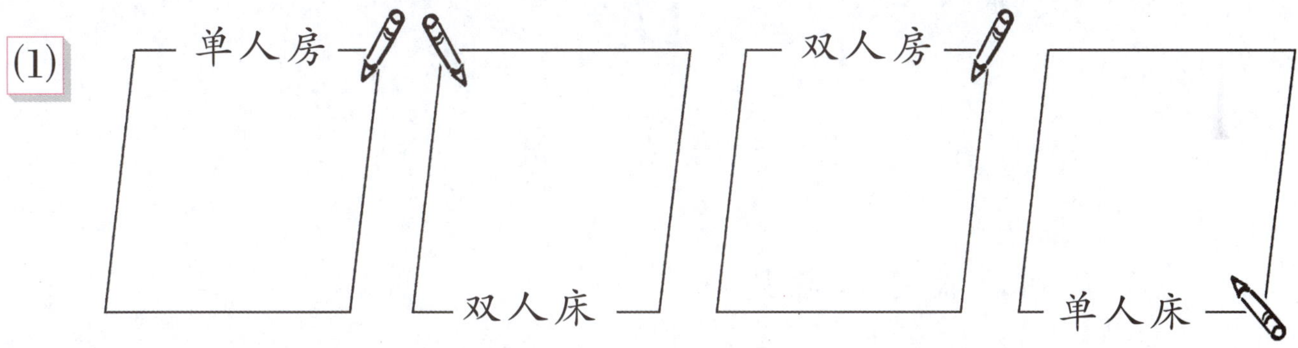

(2) 请将草莓放进正确的篮子中（qǐng jiāng cǎo méi fàng jìn zhèng què de lán zi zhōng）
(Please put the stawberries into the correct basket)

调皮：naughty；公园：park；工厂：factory；草莓：strawberry；单数：odd number；双数：even number

5 看图填空(Fill in the blanks according to the map)

kàn tú tián kòng

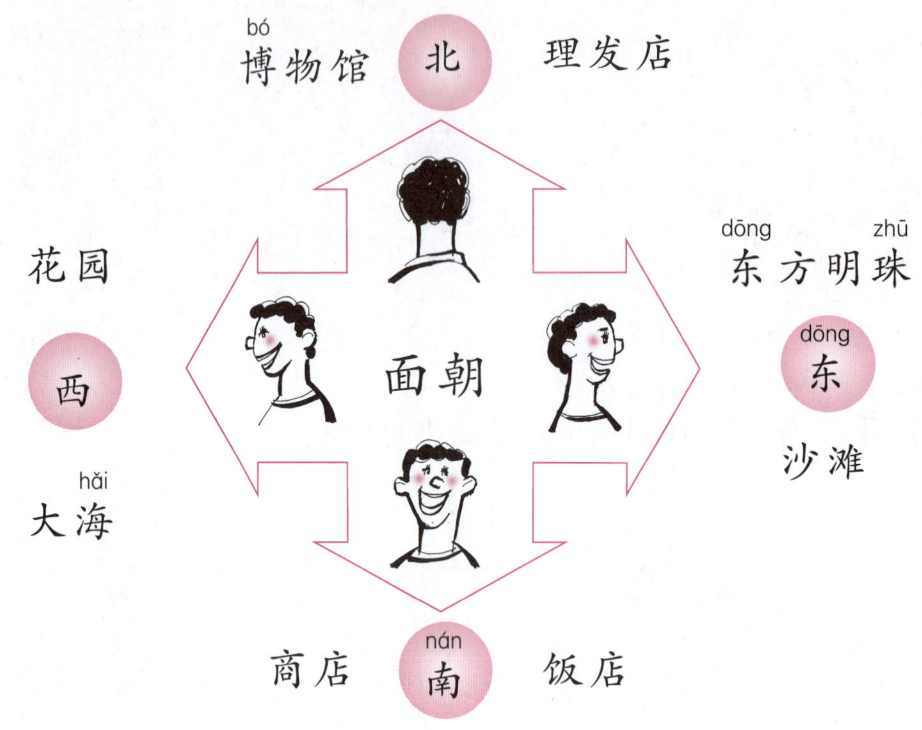

① 面朝北我可以看见________。

面朝北我可以看见________。

② 面朝西我可以看见________和________。

③ 面朝南我可以看见________。

面朝南我可以看见________。

④ 面朝东我可以看见________和________。

6

欢迎来上海度假!

祝你们在这里过得愉快!

欢迎来绿岛宾馆度假!

祝你的全家在这里过得愉快!

博物馆:museum; 东方明珠:the Oriental Pearl TV Tower

欢迎来＿＿＿＿＿＿＿度假！

祝＿＿＿＿＿＿＿＿＿＿＿＿＿＿＿＿

＿＿＿＿＿＿＿＿＿＿＿＿＿＿＿＿

＿＿＿＿＿＿！

7

＿＿＿＿＿＿已经全部预订完了。
(yǐ jīng)

① 对不起，单人房已经(yǐ jīng)全部预订完了。

② 很抱歉(bào qiàn)，面朝沙滩(shā tān)的双人房已经(yǐ jīng)全部预订完了。

③ 我听说去杭州(háng zhōu)的火车票已经(yǐ jīng)全部预订完了。

④ ＿＿＿＿＿＿＿＿＿＿＿＿已经(yǐ jīng)全部预订完了。

⑤ 妈妈已经(yǐ jīng)预订了去＿＿＿＿＿＿＿＿＿＿＿＿。

⑥ ＿＿＿＿＿＿已经(yǐ jīng)预订了＿＿＿＿＿＿＿＿＿＿＿＿。

⑦ ＿＿＿＿＿＿想预订＿＿＿＿＿＿＿＿＿＿＿＿。

抱歉：be sorry；杭州：Hangzhou；火车票：train ticket

zhàoyàng zi xiě jù zi
8 照样子，写句子 (Complete the sentences according to the example)

① 五楼有一间双人房。

________楼有一间____________房。

nán
② 七楼有一间面朝南的单人房。

________楼有一间________的________房。

zhū
③ 十八楼有一间面朝花园，可以看见东方明珠的三人房。

________楼有一间________，可以看见________的________房。

tān
④ 我想预订一间二十三楼，面朝外滩的双人房。

________想预订一间________楼，面

朝________的________房。

dú duì huà bìng wánchéng zuì hòu yī gè duì huà
9 读对话，并完成最后一个对话 (Read dialogues and complete the last one)

hǎi
我打算在上海住六个月。

hǎi
你打算在上海住多久？

hǎi de
祝你在上海过得愉快！

东方明珠：the Oriental Pearl TV Towor；外滩：the bund

① 服务员（fú wù）：你打算在我们的宾馆住多久？

客人：我打算住一个星期。

服务员：祝你在北京玩得（de）开心！

② 大山：你打算在英（yīng）国住多久？

马丽：我打算在英（yīng）国住两年。

大山：祝你在英（yīng）国过得（de）愉快。

③ ______：你打算在______住多久？

______：我打算在______住______。

______：祝你在______过得（de）愉快。

宾馆
HOTEL
欢迎您来到我们的宾馆！

请走好！
谢谢！

四 仿写广告 (Read the advertisement and complete your own one)

fǎng xiě guǎng gào

欢迎来到(dào)太阳岛度假！

太阳岛的空气新鲜，没有污(wū)染(rǎn)，风景很美。在这里你可以骑马，可以打高尔(ěr)夫(fū)，可以游泳，还可以烧(shāo)烤(kǎo)和吃海(hǎi)鲜。

我们的宾馆又干净(jìng)又便宜。在复(fù)活(huó)节假期(四月十三日~四月二十二日)，我们打对折(zhé)，请不要错过机会！

欢迎来到 ________ 度假！

________ 的 ________________，

________________________。

在这里你可以 ________，可以 ________，可以 ________，还可以 ________________。

我们的宾馆又 ________ 又 ________。在 ________ 假期(______ 月 ______ 日~______ 月 ______ 日)，我们 ________________，

请不要错过机会！

复活节：Easter；错过：to miss；机会：chance

五 阅读理解(yuè dú lǐ jiě)(Reading comprehension)

今年春假，我打算和朋友小新去杭州(hángzhōu)度假。我听说杭州(hángzhōu)是一个美丽的城市，有山有水，风景很美，空气也很新鲜。

春假的第一天，我们一起乘火车去了杭州(hángzhōu)。我们决定住在望湖(wàng hú)宾馆。我和小新想要两间面朝西湖(hú)的单人房，但是服务(fú wù)员说单人房和面朝西湖(hú)的房间已经(yǐ jīng)全部预订完了。没(méi)有办法(bàn fǎ)，我们只能要了一间双人房，是面朝一座(zuò)小山的。我们住在六楼，房间号码(mǎ)是608。

我们玩了两天，一共用了一千(qiān)两百(bǎi)元。我们都觉得杭州(hángzhōu)确实(què shí)是一个度假的好地方。

杭州：Hangzhou；西湖：the West Lake；千：thousand；百：hundred

lián chéng jù zi
连成句子(Match to complete the sentences)

shí hou
① 今年放春假的时候，

② 我们只能要了一间面朝小山的双人房，

③ 我们的房间在六楼，

hángzhōu
④ 我们在杭州度假，

hángzhōu
⑤ 杭州是一个非常美丽的城市，

mǎ
- 房间的号码是608。

hángzhōu
- 我和小新乘火车去杭州。

qiān bǎi
- 一共用了一千两百元。

hú yǐ jīng
- 因为单人房和面朝西湖的房间已经全部预订完了。

- 所以我们觉得它是一个度假的好地方。

杭州：Hangzhou；西湖：the West Lake；千：thousand；百：hundred

第八课 度假(二)在沙滩上

xiě hàn zì
一 写汉字(Write characters)

méi
没
丶 丶 氵 氵 沪 汐 没
dào
没想到

yóu
游
丶 丶 氵 氵 氵 汸 汸 汸 浐 浐 游 游
游泳

yǒng
泳
丶 丶 氵 氵 汀 汈 泳 泳
游泳

de
得
丿 丿 彳 彳 们 们 袒 得 得 得 得
得

fàn
饭
丿 ノ 饣 饣 饤 饭 饭
午饭

找拼音(Match the right Pinyin to these characters)

zhǎo pīn yīn

读读画画(Read and draw pictures)

dú dú huà huà

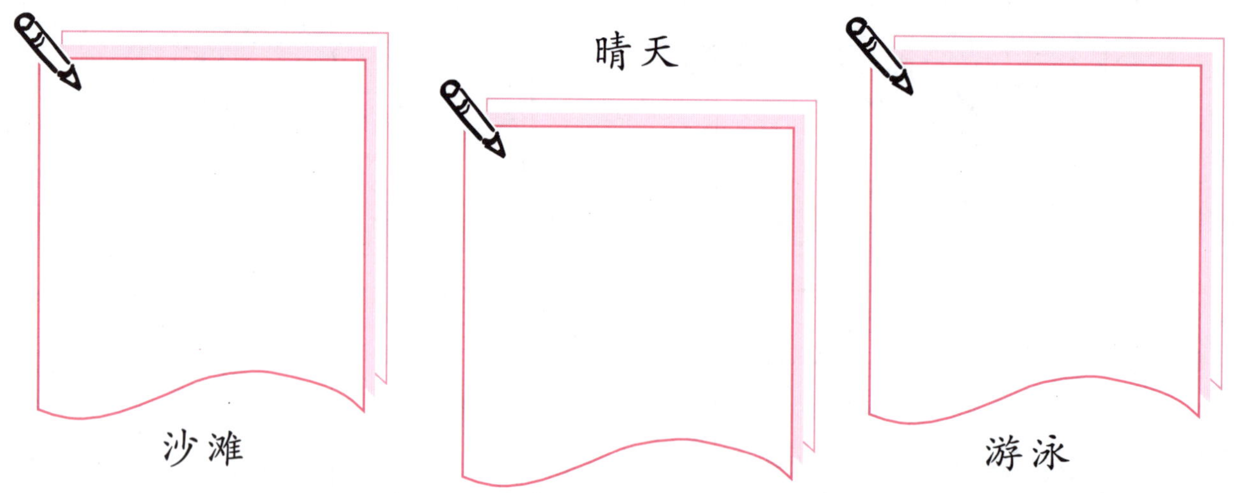

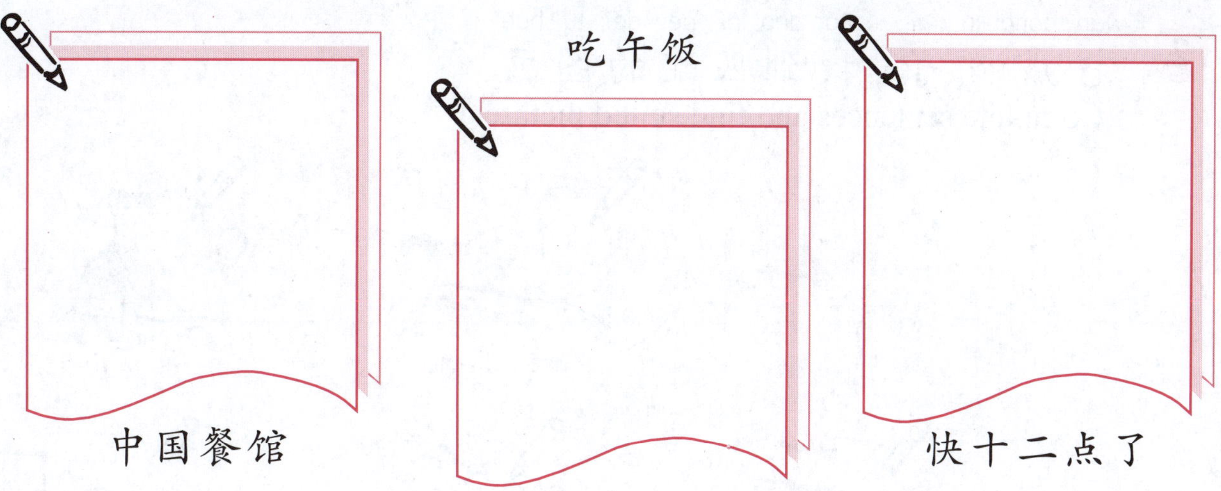

四 读读写写 (Read and write)

dú dú xiě xiě

1

dào

没想到

你好！大山，没想到你学中文学得这么好！

谢谢！你的中文也说得很好。

没想到(dào)大山的作业已经(yǐ jīng)做好了。

没想到(dào)______会到(dào)______去度假。

没想到(dào)______学____________学得这么快！

没想到(dào)__________得这么好！

没想到(dào)______天气这么______！

没想到(dào)_______也喜欢________________！

没想到(dào)____！

2 完成句子，找到匹配的图画

wán chéng jù zi zhǎo dào pǐ pèi de tú huà

(Complete sentences and find suited pictures)

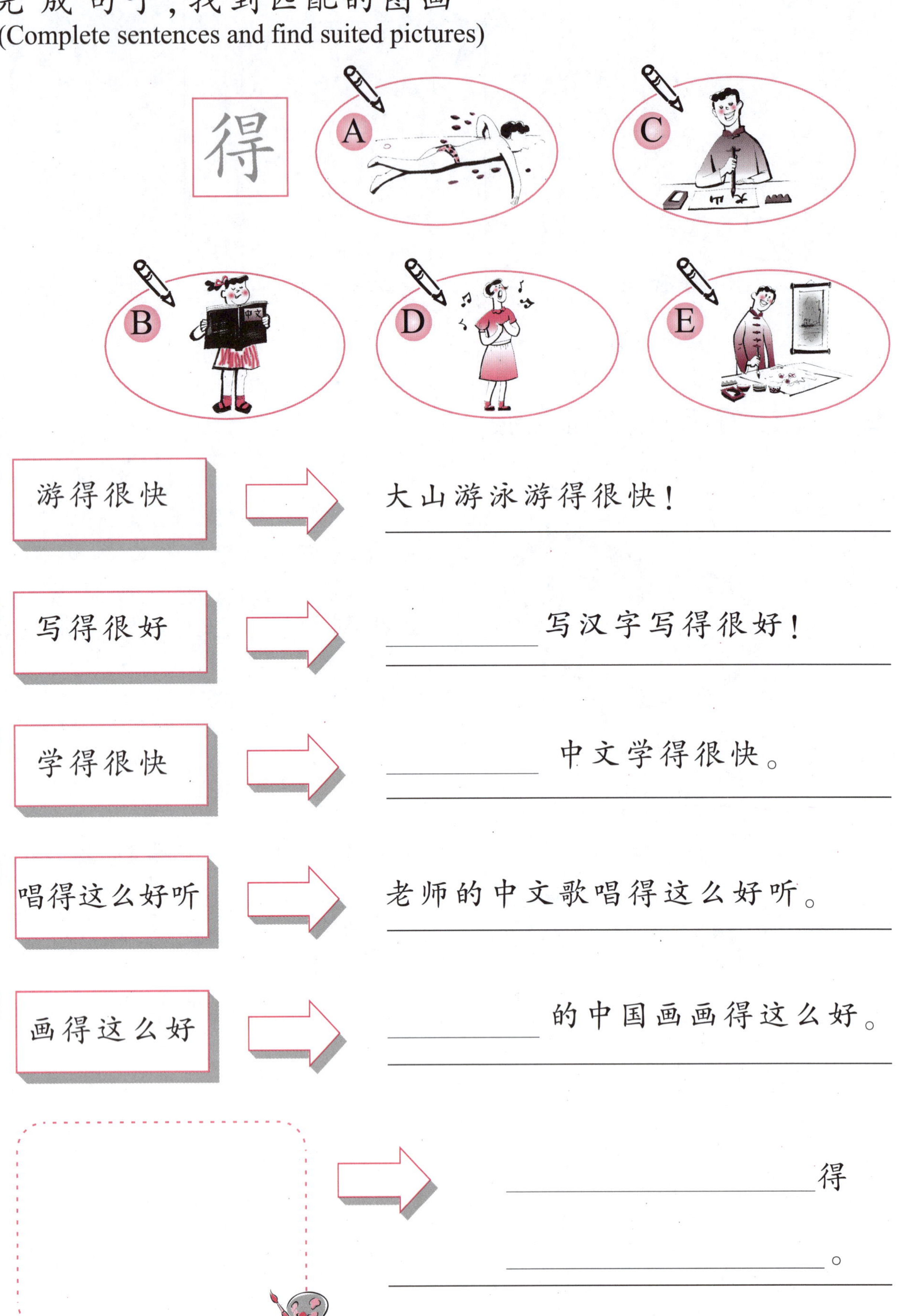

游得很快 → 大山游泳游得很快！

写得很好 → ________写汉字写得很好！

学得很快 → ________中文学得很快。

唱得这么好听 → 老师的中文歌唱得这么好听。

画得这么好 → ________的中国画画得这么好。

→ ____________________得____________________。

3

① 来太阳岛快一个星期了，这里有吃有玩有住，真是度假的好地方。

lán qiú

② 快两点了，我们一起去打篮球好吗？

dù è

③ 快六点了，我的肚子饿了，我想回家吃晚饭了。

④ 小丽，你快十岁了，明年就读四年级了。

⑤ 快____________了，________________。

⑥ ________快________了，________________。

dú jù zi huà chā tú bìng zào jù

4 读句子，画插图，并造句
(Read sentences, draw pictures and make new sentences)

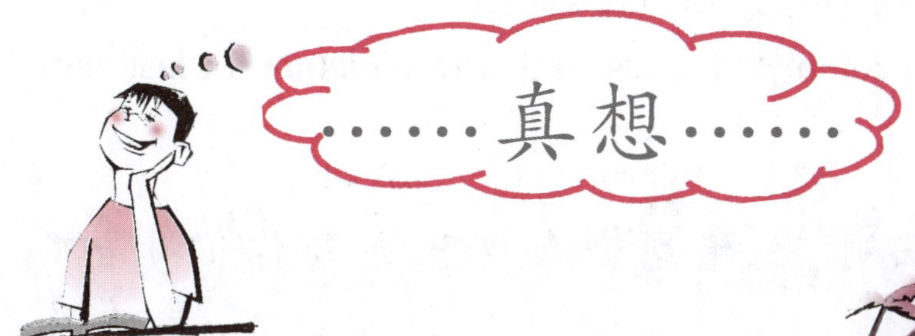

① 我**真想**去沙滩玩啊！  

篮球：basketball；肚子：belly, tummy；饿：hungry

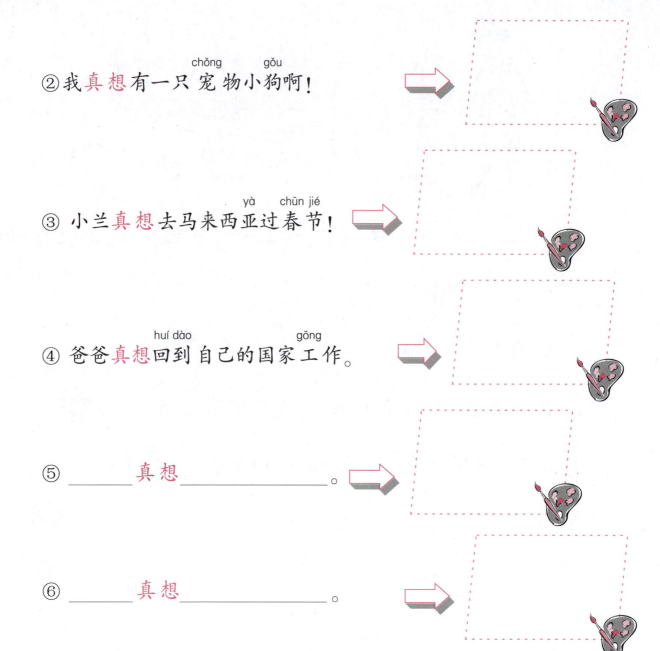

chǒng gǒu
②我真想有一只宠物小狗啊！

yà chūn jié
③ 小兰真想去马来西亚过春节！

huí dào gōng
④ 爸爸真想回到自己的国家工作。

⑤ ________真想____________________。

⑥ ________真想____________________。

dú duì huà wánchéng duì huà bìng pèi shàng chā tú
5 读对话，完成对话，并配上插图
(Read dialogues and complete the rest and draw a picture for last one)

dào
马丽：大山，王明，没想到会在这里见到你们！

大山和王明：是你，马丽！你也来这里度假吗？

马丽：是的，真是太巧了！

小狗：puppy；春节：Spring Festival；回到：return to；工作：work

dào jiàn chèn shān
______:______没想到你今天穿了一件红色的衬衫。

dào jiàn chèn shān
______:是啊,没想到你也穿了一件红色的衬衫。

______:真是__________!

kàn tú piàn huí dá wèn tí
6 看图片回答问题 (According to the pictures below answer the questions)

hǎi biān
在海边,沙滩上可以做什么?

hǎi biān
在海边,沙滩上可以__________,可以__________

______,还可以__________和__________。

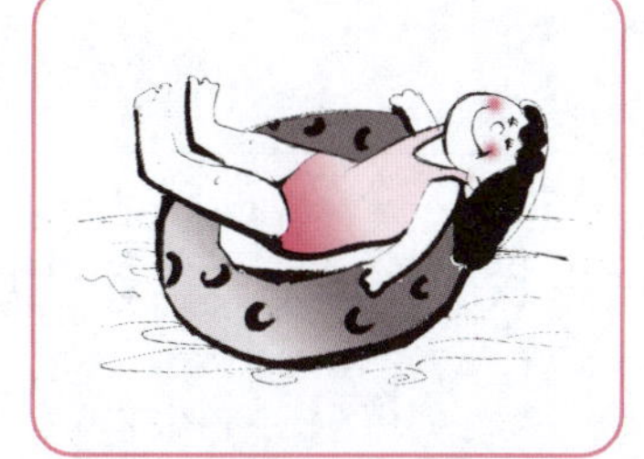

衬衫:shirt;海边:sea side

yuè dú lǐ jiě

五 阅读理解(Reading comprehension)

shǔ huí dào fǎ

今年暑假我回到了法国。一天上午，我和哥哥到我家附近

diào bīng qí lín shài

的沙滩上玩。我们游泳、钓鱼、吃冰淇淋、晒太阳，可高兴了！

dào pái méi pèng dào

到了下午，我正在沙滩上打排球，没想到碰到了我的英文

fǎ fǎ

老师，真是太巧了！他也在法国度假。他说他非常喜欢吃法国

yú fǎ

菜，于是我带他去了一家很有名的法国餐馆吃了晚饭。

a

真是愉快的一天啊！

huí dá wèn tí

回答问题(Answer the questions)

① “我”家的附近是什么地方？

____

bīng qí lín shài

② “我”和谁一起吃冰淇淋、晒太阳？

____

pèng dào

③ “我”在哪里碰到了“我”的英文老师？

____

fǎ

④ 为什么“我”带“我”的英文老师去法国餐馆吃晚饭？

____

暑假：summer holiday；回到：return to；钓鱼：go fishing；晒太阳：sunbathe, bask in the sun；排球：volleyball；碰到：run into；于是：hence；有名：famous

第九课　看电视

xiě hàn zì
写汉字(Write characters)

chàng

唱

丨 冂 口 口丨 口冂 口冂 口日 口日 口目 口日 唱

唱歌

gē

歌

一 丅 可 可 可 哥 哥 哥 哥 哥 哥 歌 歌 歌

唱歌

nìng

宁

丶 丶 宀 宀 宁

宁可

shì

视

丶 ㇇ 礻 礻 礻丨 礻冂 初 视

电视

dòng

动

一 二 云 云 云 动

动画片

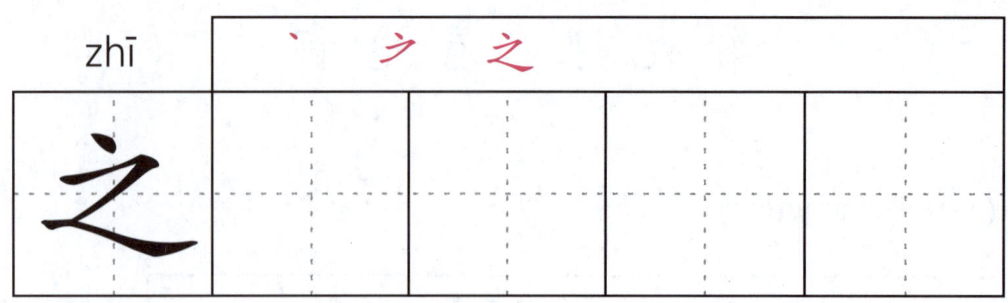

二 找拼音，读词语(Match the right Pinyin to these characters, and read words)

zhǎo pīn yīn dú cí yǔ

闻：闻一闻　新闻

之：之后　之前

视：电视节目(mù)　电视机

聊：无聊　聊天

报：报告　报纸

纸：报纸　作业纸

准：准时　准确(què)

动：动物　动画片

唱：唱歌　唱卡拉 OK

歌：唱歌　歌曲

然：当然　然后

醒：醒来　叫醒

宁：宁可　宁愿(yuàn)

剧：戏剧(xì)　电视连续剧

nìng　jù　zhǐ　chàng　gē　liáo　zhǔn　shì　wén　xǐng　zhī　dòng　bào　rán

报告：report；醒来：wake up；宁愿：would rather；准确：accurate；聊天：to chat；之前：before；戏剧：drama

三 dú dú huà huà 读读画画(Read and draw pictures)

1

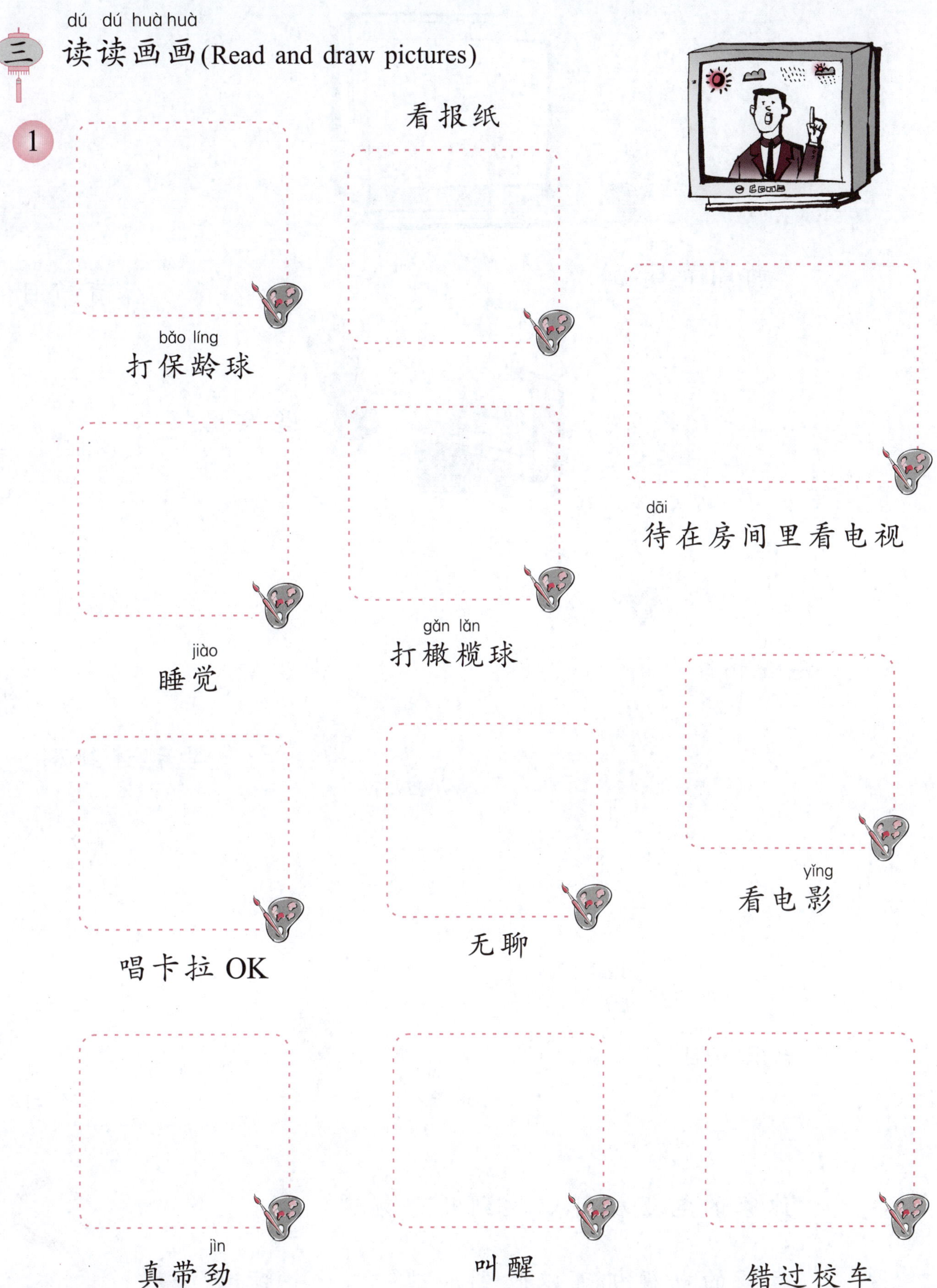

2

电视节目(mù)

频(pín)道

新闻节目(mù)

体育(yù)节目(mù)

遥控器(yáo kòng qì)

英语(yǔ)节目(mù)

动画片

电视连续剧(lián xù)

音乐(yīn)节目(mù)

电影(yǐng)

________节目(mù)

你家的电视机可以收到几个频道(dào pín)？

我家的电视机可以收到________个频道(pín dào)。

英语：English；体育：P.E., sports；收到：to receive

四 读读写写(Read and write)

dú dú xiě xiě

1

① 大山,记得在九点半叫醒我。

② 爸爸,外面下雨了,记得带上雨伞(sǎn)。

③ 妈妈,记得这个周末(mò)我们一起去逛街(guàng jiē)!

④ 小兰,记得________来我家玩。

⑤ ______,记得____________。

⑥ ______,记得____________。

2

你不想错过我们的节目吧!
节目介绍
LG

……不想错过……

① 大山不想错过今晚六点的动画片《超(chāo)人》。

② 妈妈,记得早上七点叫醒我,我不想错过校车。

③ 爷爷不想错过星期六下午的__________。

④ _______不想错过____________。

⑤ _______不想错过____________。

雨伞:umbrella; 超人:superman

3

……宁可……

① 马丽：我们一起看八频(pín)道的新闻节目(mù)好吗？

小兰：看新闻节目(mù)？太无聊了，我宁可看体育(yù)节目(mù)。

② 大山：周末我们打算去卡拉OK唱歌，你想一起去吗？

大明：去卡拉OK唱歌？太无聊了，我宁可待(dāi)在家里看书。

③ 马丽爸爸：马丽，和爸爸一起看保龄球(bǎo líng qiú)比赛好吗？

马丽：看保龄球(bǎo líng qiú)比赛？太无聊了，我宁可看网球(wǎng qiú)比赛。

④ ________：________________________？

________：__________？__________，__________宁可__________。

体育：P.E., sports；网球：tennis

4

晚上八点五频(pín)道有些什么节目(mù)？

是一部<u>电影(yǐng)</u>。

① A：今天晚上七点三频(pín)道有些什么节目(mù)？

B：我不太清楚，让我先看一看报纸。是一部(bù)动画片。

② 马丽：明天下午四点五十六频(pín)道有什么精(jīng)彩的节目(mù)？

小兰：我不知道。让我看一看报纸。是一部(bù)韩(hán)国电视连(lián)续(xù)剧。

③ ________：____________点______频(pín)道有什么精(jīng)彩的节目(mù)？

________：我________。让我看一看报纸。是一部(bù)________
______________________。

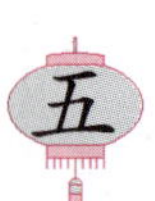

五 小调查(Questionaire)

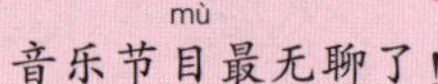

______节目	____老师	爸爸	妈妈	______	______	______	______
新闻							
音乐							
体育							
动画片							
电影							
电视连续剧							
动物							

最不受欢迎的电视节目是______。

最受欢迎的电视节目是______。

感兴趣：be interested in；受欢迎：popular

六 阅读理解(Reading comprehension)

电视节目介绍

观众朋友们，下午好！今天是2006年3月26日，下面我来介绍一下今天晚上各频道的电视节目。

17:30在24频道，小朋友们可以继续收看儿童电视连续剧“我爱我家”。18:30是日本动画片“雪花”。今晚19:00，5频道有特别新闻，喜欢看新闻的观众，请不要错过时间。爱看体育节目的观众请注意，原定今晚20:05在7频道播放的世界杯游泳比赛改在明天同一时间播放，今晚会播放一场橄榄球比赛和一场保龄球比赛。最后在21:00，5频道会播放三场电影。欢迎大家到时收看，再见！

观众：audience；继续：to continue；收看：to watch；儿童：children；注意：notice，pay attention to；播放：televise；改：to change；世界杯：the World Cup；场：a measure word；到时：at the appointed time

选择题(Multiple Choice)

① 这个电视台一共有______频道?

a) 2个　b) 3个　c) 4个　d) 5个

② ______有小朋友喜欢的动画片。

a) 24频道　b) 7频道　c) 5频道

③ 世界杯游泳比赛会在什么时候播放?______。

a) 2006年3月26日晚上20:05

b) 2006年3月27日晚上21:05

c) 2006年3月27日晚上20:05

④ 今晚20:05,7频道会播放什么体育节目?______。

a) 一场保龄球比赛和一场足球比赛。

b) 一场游泳比赛和一场橄榄球比赛。

c) 一场保龄球比赛和一场橄榄球比赛。

⑤ 爱看电影的观众可以看______的电视节目。

a) 7频道　b) 24频道　c) 5频道

第十课 失物招领

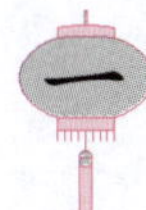

一 xiě hàn zì 写汉字 (Write characters)

zháo
着
丶 丷 䒑 䒑 兰 羊 关 着 着 着 着
着急

bàn
办
フ 力 办 办
办法

jiàn
件
丿 亻 亻 仁 仁 件
证件

rèn
认
丶 讠 讠 认
认领

wàn
万
一 丆 万
一万

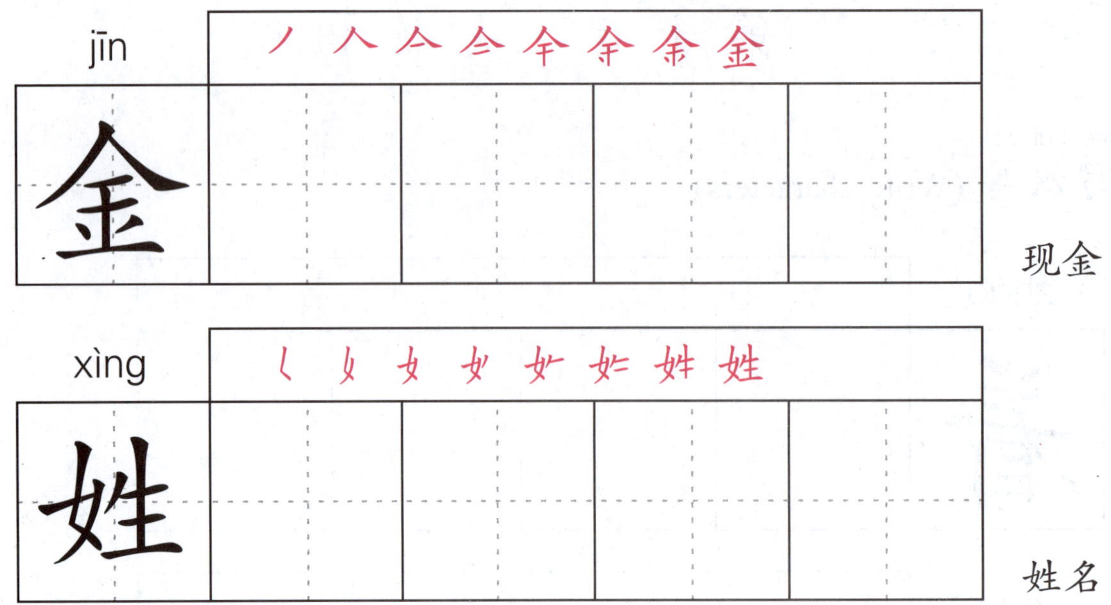

jīn	丿 人 亼 今 全 全 金 金
金	

现金

xìng	𡿨 女 女 女' 女' 女⺧ 姓 姓
姓	

姓名

zhǎo pīn yīn dú hàn zì

二 找拼音，读汉字

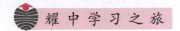

(Match the right Pinyin to these characters, and read them twice)

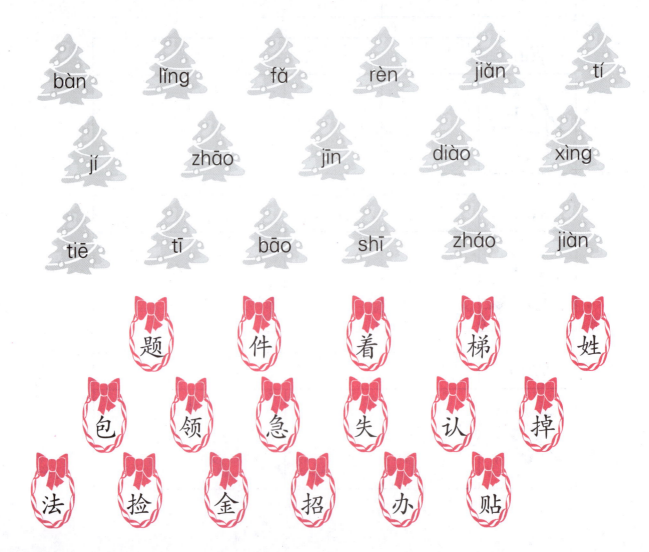

bàn lǐng fǎ rèn jiǎn tí

jí zhāo jīn diào xìng

tiē tī bāo shī zháo jiàn

题 件 着 梯 姓

包 领 急 失 认 掉

法 捡 金 招 办 贴

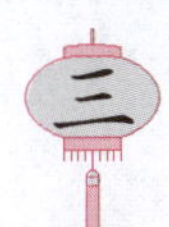

三 dú dú huà huà 读读画画(Read and draw pictures)

1

电梯

钱包

着急

失主

名片

kǎo lǜ
考虑问题

现金

飞机票

五百元

四 学习反义词，并看图片造句

xué xí fǎn yì cí bìng kàn tú piàn zào jù

学习反义词，并看图片造句

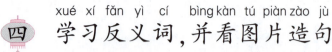

(Learn the antonym, and make sentences according to the pictures given)

掉 ⟷ 捡

今天早上我不小心掉了一个钱包。 → 今天早上我捡到了一个钱包。

昨天晚上弟弟不小心____________。 → 昨天晚上弟弟捡到了一只小猫（māo）。

今天下午他不小心掉了中文作业。 → 今天下午他________________________。

____________________掉了____________________。

____________________捡到了____________________。

五 读读写写(Read and write)

dú dú xiě xiě

1 ……里没有……也没有……

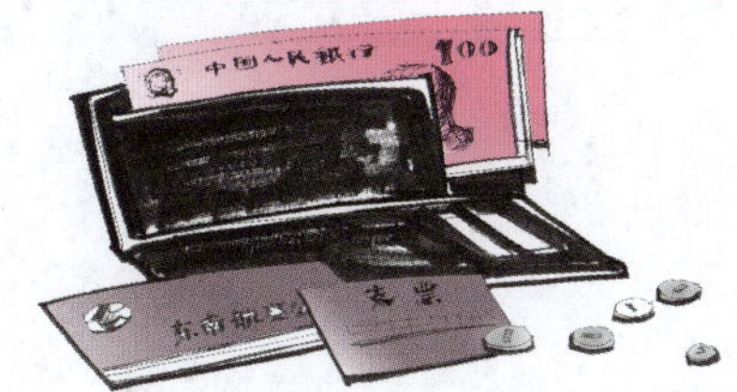

① 钱包里没有名片,也没有证件。

② 文件袋(dài)里没有中文书,也没有作业纸。

③ 沙滩上没有人跑步(bù),也没有人晒(shài)太阳。

④ 房间里没有桌(zhuō)子,也没有床。

⑤ ________里没有__________,也没有____________。

⑥ ________里没有__________,也没有____________。

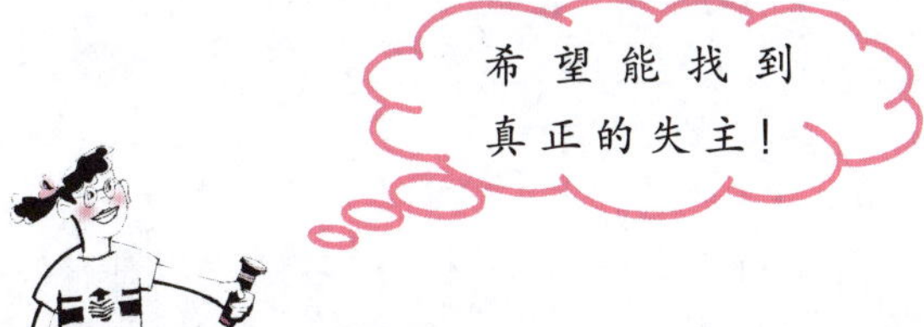

2 你是来认领……的吧?

① 大山是来认领钱包的吧?

② 小明是来认领午餐盒(hé)的吧?

文件袋:folder; 晒太阳:bask; 桌子:table; 午餐盒:lunck box

③ 小丽是来图书馆还书的吧？

④ 你是来认领＿＿＿＿＿＿＿＿＿＿＿＿的吧？

⑤ ＿＿＿＿是来＿＿＿＿＿＿＿＿＿＿＿＿的吧？

⑥ ＿＿＿＿是来＿＿＿＿＿＿＿＿＿＿＿＿的吧？

3 如果你不介意，我可以……吗？

① 如果你不介意，我可以问你几个问题吗？

② 如果你不介意，我可以说英(yīng)文吗？

③ 如果你不介意，我可以去洗手间吗？

④ 如果你不介意，我可以＿＿＿＿＿＿＿＿＿＿吗？

⑤ 如果你不介意，我可以＿＿＿＿＿＿＿＿＿＿吗？

4

小明：咦(yí)？你脚下是什么东西？

小丽：让我看一看。呀(yā)！是一只手表。

小明：手表？谁不小心掉了手表？

小丽：掉了手表的人现在一定很着急。

洗手间：toilet；手表：watch

_____:咦(yí)?你的_____是什么东西?

_____:让我看一看。呀(yā)!是_____。

_____:_____?谁不小心掉了_____?

_____:掉了_____的人现在一定很着急。

5

kǎo lǜ kǎo lǜ
考虑考虑

兰兰:谁不小心掉了中文书?失主一定很着急。

小丽:我们一定要想办法找到失主。

兰兰:让我考虑考虑(kǎo lǜ kǎo lǜ)。我有办法了。我们写一张失物招领,把它贴在学校里。失主看见了,一定会来找我们认领的。

小丽:好主意!

______：谁不小心掉了________？失主一定很着急。

dào

______：我们一定要想办法找到失主。

kǎo lǜ kǎo lǜ

______：让我考虑考虑。我有办法了。我们写一张失物招领，把它贴在________。失主看见了，一定会来找我们认领的。

______：好主意！

dào

6 如果有失主来认领你捡到的东西，你怎么问(他)她呢？

如果你不介意，我可以问你几个问题吗？

① A：你的钱包里有些什么东西？

B：我的钱包里有468元现金，一张后天去北京的飞机票和一张1000元的支票。

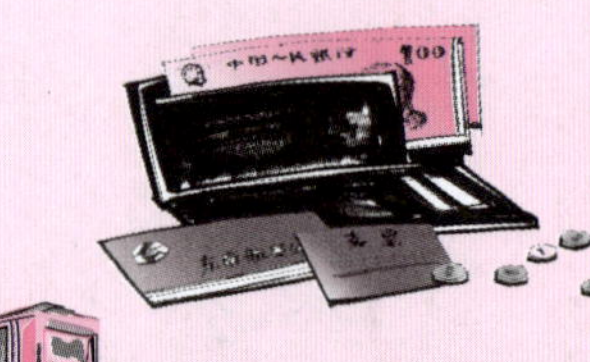

què

A：完全正确。这是你掉的钱包。给你。

B：谢谢，真是太谢谢你了！

② C：你的铅(qiān)笔盒(hé)里有些什么东西？

D：我的铅(qiān)笔盒(hé)里有三支新的铅(qiān)笔，一块大橡(xiàng)皮和一把尺(chǐ)。

C：完全正确(què)。这是你掉的铅(qiān)笔盒(hé)。给你。

D：谢谢，真是太谢谢你了！

请画一画

如果你捡到(dào)了________，失主来认领，你会问：

(A) ________________

(B) ________________

(C) ________________

六 阅读理解(Reading comprehension)

放学了，小明高高兴兴地回家去，因为今天是妈妈的生日。

小明住在302室。走在楼梯上，他突然看到地上有一个小小的东西在闪光，呀！是一块女式的“卡帝亚”手表。银色、圆形，又新又漂亮。“谁不小心掉了手表？”小明想，“失主一定很着急。”

“怎么办呢？……对了！我来写一张‘失物招领’，把它贴在大楼门口，失主看见了一定会来认领的。”

回到家，小明拿出纸和笔，刚写了四个字“失物招领”，妈妈就回来了。

妈妈看上去很着急，一回家就找东西。小明问妈妈：“妈妈，你在找什么？”

“我在找手表。”

“手表？”

“对！是你爸爸今天早上送给我的生日礼物，是一块‘卡帝亚’手表，很贵的。”

放学：school is over (for the day)；高高兴兴地：happily；突然：suddenly；闪光：to gleam；块：a measure word；手表：watch；银色：silver；圆形：round；一……就……：as soon as；贵：expensive

yán
"它是什么颜色？什么样子的？"

yín yuán xíng
"银色，圆形的。"

kuài
"看，是不是这块表？"

"对，就是它！"

dào
"没想到失主是我的妈妈！"

huí dá wèn tí
回答问题(Answer the questions)

dào kuài
① 小明在哪里捡到了一块手表？

dào pái
② 小明捡到的手表是什么牌子的？

dào yán
③ 小明捡到的手表是什么颜色，什么样子的？

lǐ
④ 小明的爸爸送给他妈妈的生日礼物是什么？

⑤ 失主是谁？

牌子：brand

七 写失物招领(Write a lost property notice)

xiě shī wù zhāo lǐng

失物招领

今天早上，我们在电梯里捡到(dào)一个钱包。请失主到432号房间认领。

大山，小明

二〇〇六年三月二十日

请你写一个失物招领

____

____

____

____

____

____

上海耀中国际学校中文教材编写委员会

LIBERATE THE JOY OF LEARNING CHINESE

愉快学汉语

练习册

第三册

（下）

世界图书出版公司

上海·西安·北京·广州

mù lù

目录 Contents

第十一课　画扣子

xiě hàn zì
写汉字 (Write characters)

kòu
扣
一 十 扌 扌 扣 扣
扣子

xiàng
象
⺈ ⺈ ⺈ 𠂊 ⺈ 𠂊 ⺈ 𠂊 象 象 象
大象

lín
林
一 十 才 木 朩 村 林 林
森林

zhāng
张
乛 コ 弓 弓 弓 张 张
一张

fú
服
丿 刀 月 月 月 服 服 服
衣服

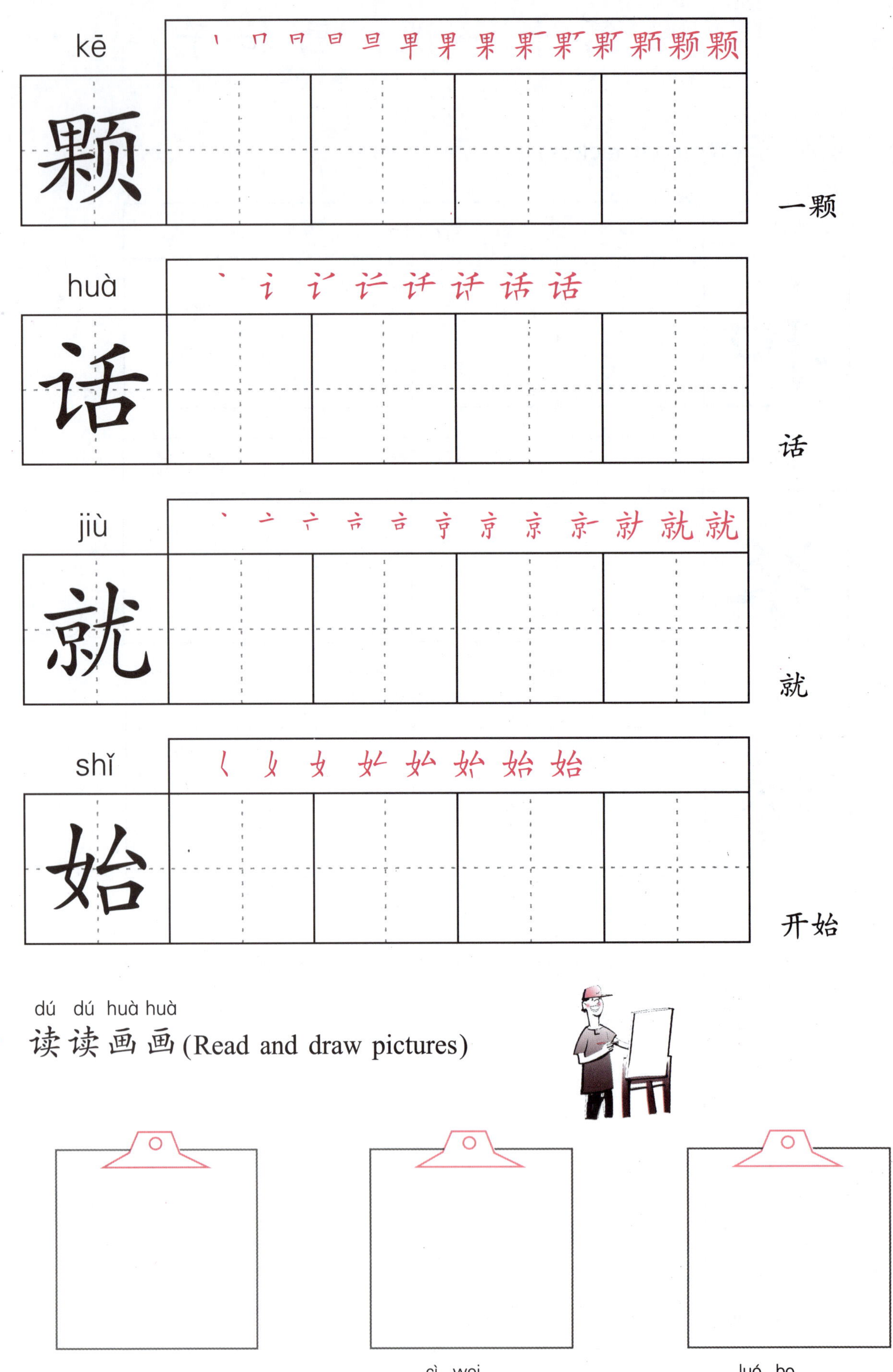

kē 颗 一颗

huà 话 话

jiù 就 就

shǐ 始 开始

二 读读画画 (Read and draw pictures)

dú dú huà huà

森林

cì wei
刺猬

luó bo
萝卜

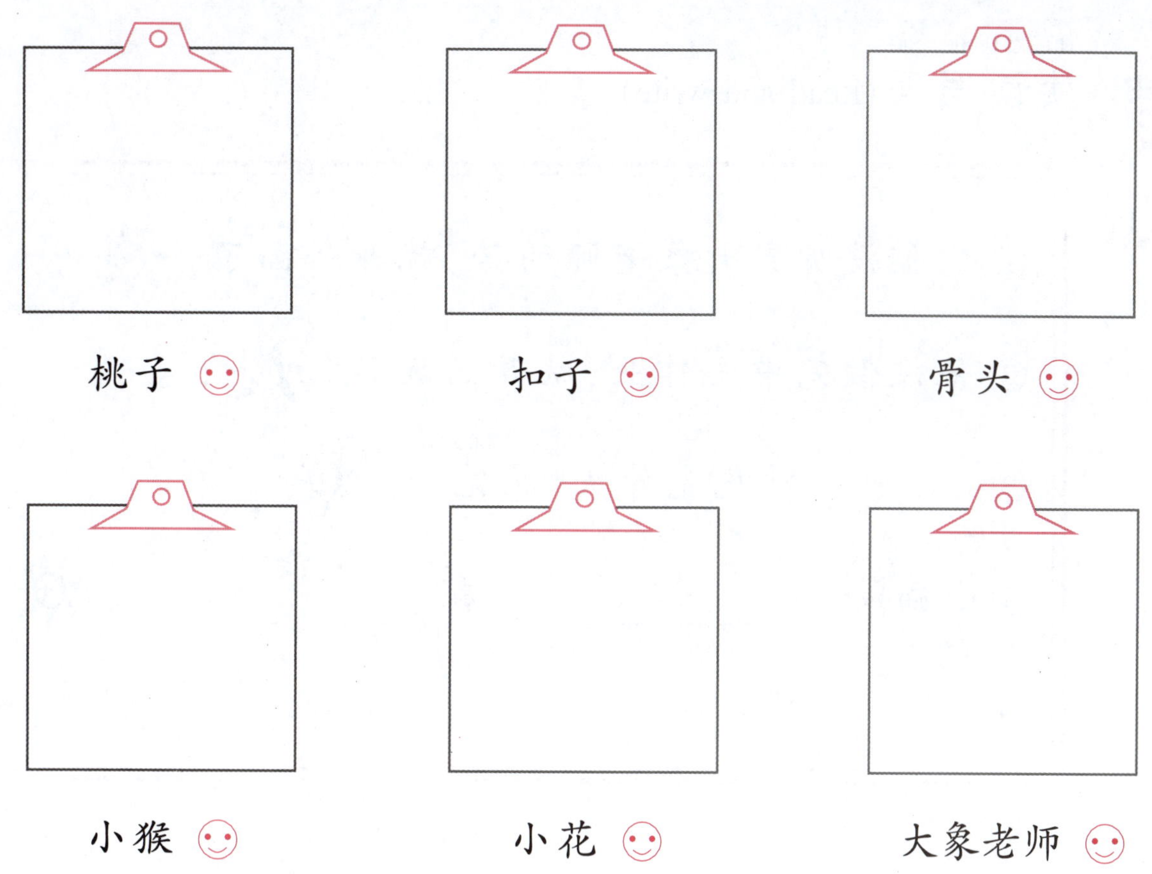

zhào yàng zi wán chéng tú piàn hé jù zi

照样子完成图片和句子

(Complete the picture and sentence according to the example)

马丽非常喜欢太阳，　　我＿＿＿＿＿＿＿＿，

她画了五颗太阳扣子。　　＿＿＿＿＿＿＿＿。

四 读读写写 (Read and write)

dú dú xiě xiě

1

① 它们没听完大象老师的话，就开始画了。

② 他没做完中文作业，就开始玩了。

③ ________没吃完骨头，就饱(bǎo)了。

④ 小猫没________，就________。

⑤ ________没________，就________。

2

① 大象老师看着大家的画说："看一看，谁画对了？"

② 小狗看着小刺猬(cì wei)的画说："只有它画对了！"

③ ________听着音乐说："真好听！"

④ 小兰做着________说："今天的中文作业很容易！"

⑤ ________看着电视说："________。"

⑥ ________着________说："________

________。"

饱：to eat till full

五 根据课文回答问题(Answer the questions according to the text)

gēn jù kè wén huí dá wèn tí

① 谁是森林学校的老师？

② 这个森林学校有几个小朋友？

③ 大象老师让小朋友画几颗扣子？

④ 有几个小朋友画对了？它是谁？

⑤ 为什么只有小刺猬画对了？（cì wei）

小朋友，不要忘了先把老师的话听完，然后再做你的作业！

根据：according to

六 lián chéng jù zi 连成句子(Match)

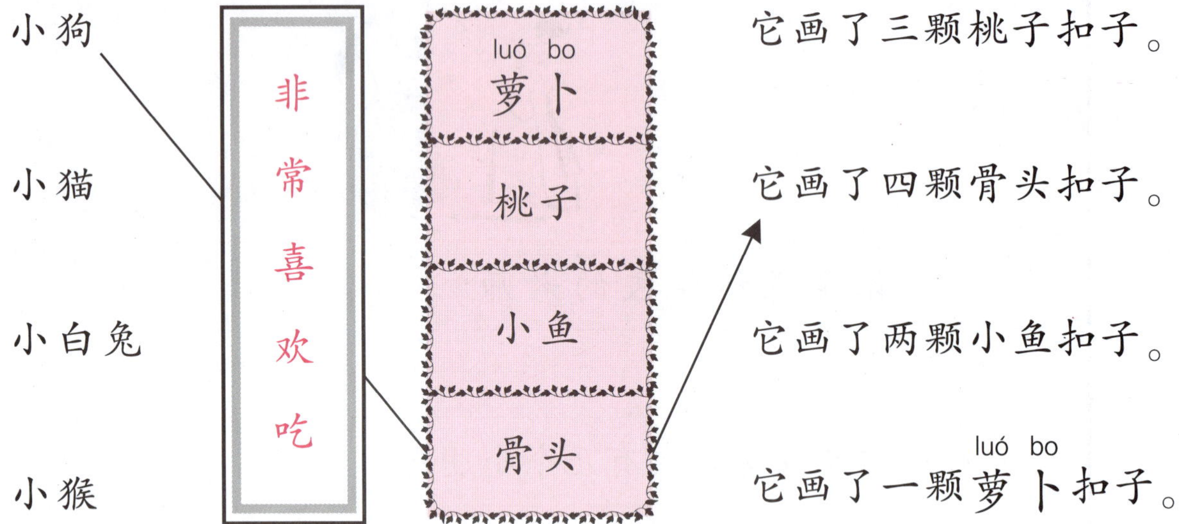
小狗
小猫
小白兔
小猴
非常喜欢吃
luó bo 萝卜
桃子
小鱼
骨头
它画了三颗桃子扣子。
它画了四颗骨头扣子。
它画了两颗小鱼扣子。
它画了一颗萝卜扣子。

七 yuè dú lǐ jiě 阅读理解(Reading comprehension)

上中文课了。

大家坐在教室里听王老师讲(jiǎng)故(gù)事。明明可喜欢听故(gù)事了！故(gù)事还没讲(jiǎng)完，王老师给每个学生一张纸，对大家说："同学们，我刚才讲的故事没有结尾(jié wěi)，现在请你想一想，在纸上把我刚才讲(jiǎng)的故事的结尾(jié wěi)用中文写一写。要写两个：一个开心的结尾(jié wěi)，一个伤心的结尾(jié wěi)。"明明没有听完王老师的话就开始在纸上写了起来。中文课快结束(jié shù)

讲故事：to tell stories；结尾：ending；开心：happy；伤心：sad

了，大家把纸交给王老师。王老师看了看所有的纸说："有一个小朋友做错了，他只写了一个开心的结尾(jié wěi)。"

你们知道这是谁吗？

回答问题(huí dá wèn tí)(Answer the questions)

① 现在是什么课？

 ____________________

② 明明喜欢听故(gù)事吗？

 ____________________

③ 故(gù)事还没讲(jiǎng)完，王老师让小朋友做什么？

 ____________________

④ 谁做错了？

 ____________________

⑤ 为什么他会做错？

 ____________________

结束：finish

第十二课 脚印

xiě hàn zì
写汉字(Write characters)

jiǎo 脚 — 脚印

yìn 印 — 脚印

xuě 雪 — 雪地

pǎo 跑 — 跑

liú 留 — 留下

shuō 说	丶 讠 讠' 讠'' 讠' 说 说 说 说	说
huà 画	一 丆 冂 冋 而 画 画 画	画
zhú 竹	丿 𠂉 𠂉 ⺮ ⺮ 竹	竹叶
yè 叶	丨 ㄇ 口 口一 叶	竹叶

tián xiě liàng cí měi gè zì zhǐ néng yòng yí cì

二 填写量词，每个字只能用一次(Fill in the blanks with the following classifier measure words, you can use each word only once)

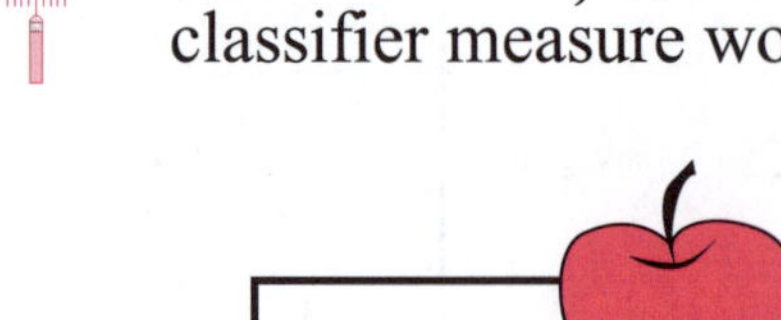
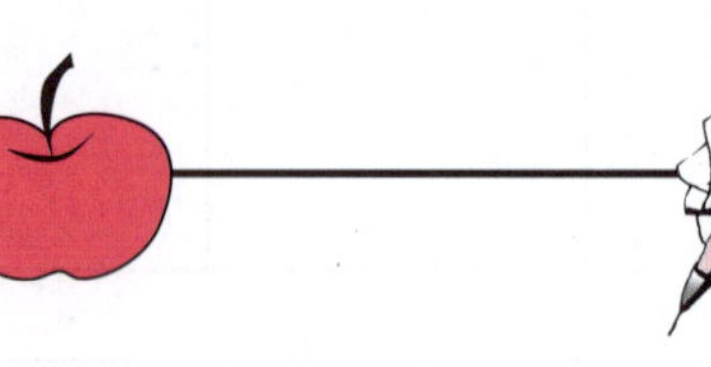
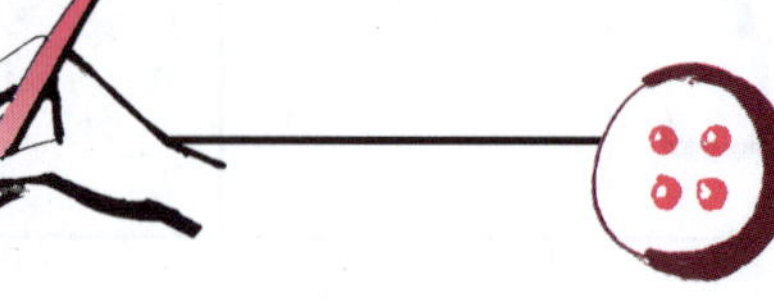

① 请给我一(　　)尺(chǐ)，一(　　)纸，一(　　)笔和一(　　)书。

② 我想预订一(　　)单人房。

③ 这(　　)帽(mào)子配这(　　)裤子很好。

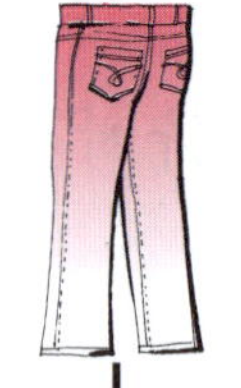

④ 你们班有几(　　)人？

⑤ 这(　　)衣服上有五(　　)扣子。

⑥ 妈妈给我买了一(　　)新鞋(xié)子。

⑦ 请给我那(　　)苹(píng)果。

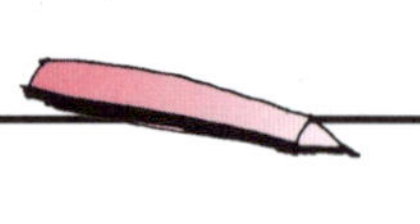

把　支　本　间　张　个

只　双　件　条　顶　颗

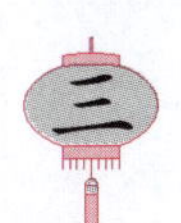

三 画图 (Draw)

huà tú

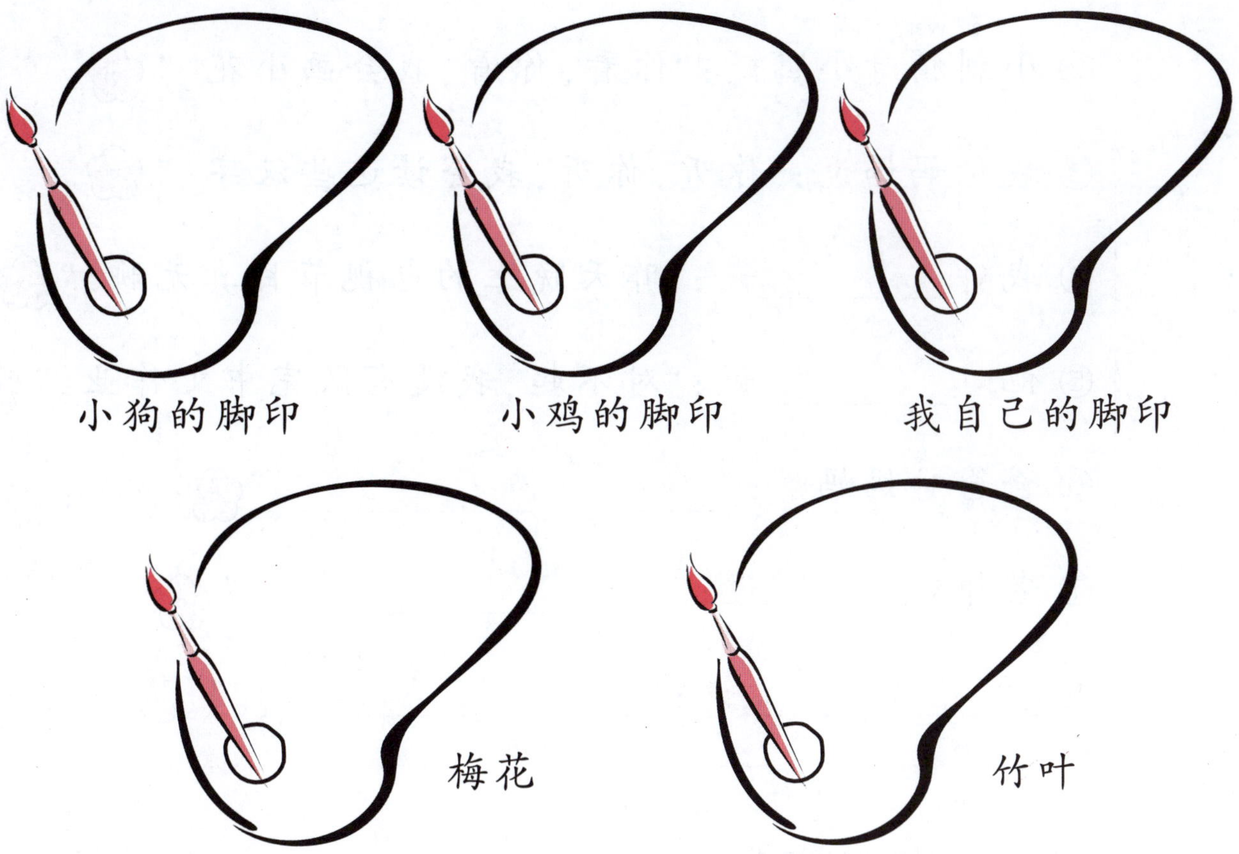

四 读读写写 (Read and write)

dú dú xiě xiě

1

① 小狗在雪地上跑，雪地上留下了小狗的脚印。

② 小猫在雪地上跑，雪地上留下了小猫的脚印。

③ ________在雪地上跑，雪地上留下了大象的脚印。

④ ________在雪地上跑，雪地上留下了小刺猬(cì wei)的脚印。

⑤ 小猴在雪地上跑，雪地上留下了________脚印。

⑥ 小白兔在雪地上跑，雪地上留下了________脚印。

⑦ ________在雪地上跑，雪地上留下了________脚印。

我自己：myself

2

① 小狗对小猫说："你看，你看，我会画梅花。"

cì wei
② 小刺猬对小鸡说："你看，你看，我会画小花。"

③ 我对妈妈说："你听，你听，我会读这些汉字。"

④ 我对__________说："昨天晚上的电视节目真无聊。"

⑤ 他对__________说："对不起，我没有做完中文作业。"

⑥ 爸爸对妈妈说："______________________。"

⑦ 老师对________说："____________________。"

⑧ ________对________说："____________________。"

gēn jù kè wén huí dá wèn tí
五 根据课文回答问题(Answer the questions according to the text)

① 课文中介绍了哪两个动物的脚印？______、______(并请画一下)

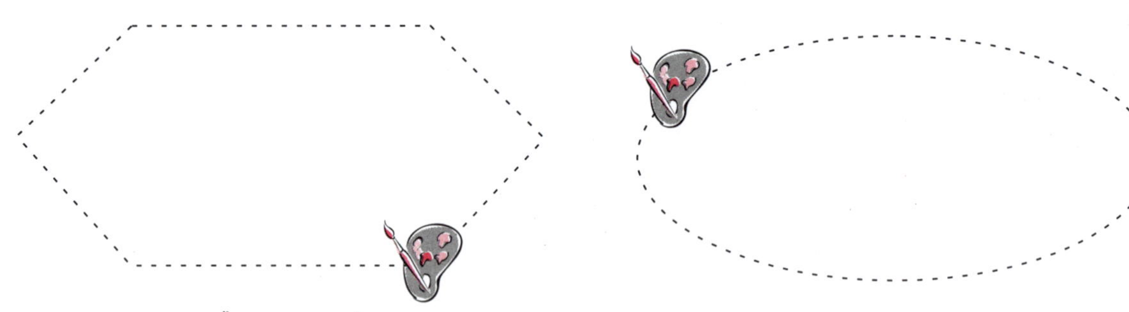

jì
② 那是什么季节？______________________________

③ 它们在哪里玩？______________________________

④ 它们在雪地上干什么？__________________________

忘记：to forget

六 阅读理解(Reading comprehension)

yuè dú lǐ jiě

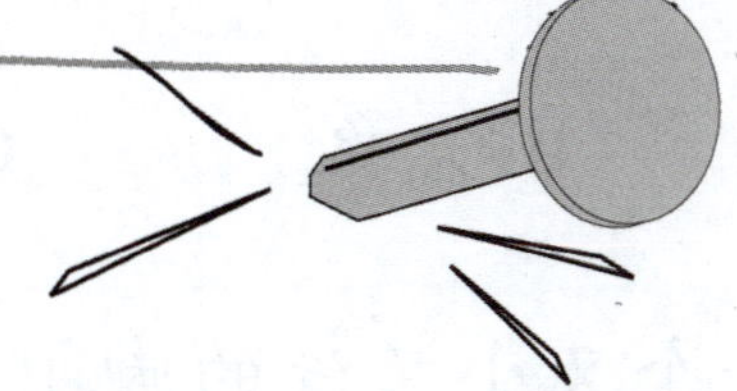

去年夏天，我和我的家人去海南(hǎi nán)岛度假。在沙滩上，我看见一行行(háng háng)的脚印。这些脚印有的大，有的小，有的深，还有的浅。妈妈说，那些大的脚印是大人留下的；小的脚印是小朋友留下的；瘦的人留下浅的脚印；像(xiàng)爸爸那么胖的人会留下深的脚印。我看着那些脚印，心里想：这些脚印可真有趣啊！

选择题(Mutiple-choice)

xuǎn zé tí

① 我们全家去海南(hǎi nán)岛干什么？

A.游泳　　B.度假　　C.去沙滩，留下我们的脚印

②"我"在哪里看见很多脚印？

A.海南(hǎi nán)岛　　B.沙滩上　　C.海南(hǎi nán)岛的沙滩上

手印:handprint; 行: line; 深; deep; 浅: shallow; 大人: adult; 像: look like

③“我”在沙滩上发现一个很深的脚印，它可能是谁留下的？

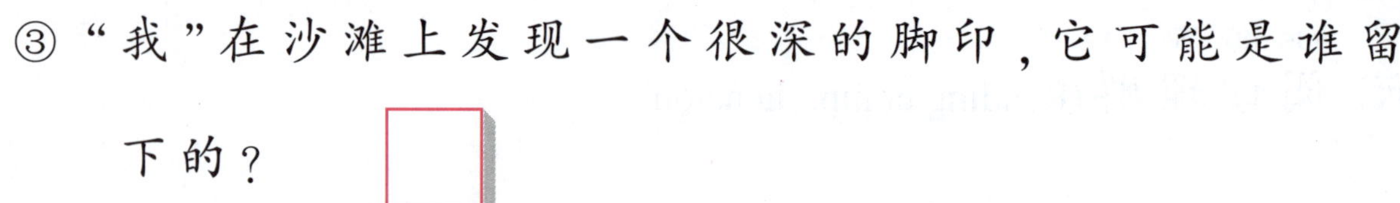

A. 爸爸　　B. 大象　　C. 像爸爸一样胖的人

④ 如果发现一个又小又浅的脚印，它可能是谁留下的？

A. 它可能是一个小朋友留下的。

B. 它可能是一个很瘦的人留下的。

C. 它可能是一个很瘦的小朋友留下的。

⑤ 为什么我觉得那些脚印很有趣？

A. 因为那些脚印的大小深浅都不一样。

B. 因为可以按照那些脚印的大小深浅来推断是什么人留下来的脚印。

C. 因为我不喜欢不穿鞋子在沙滩上走。

按照: according to；推断:to infer

第十三课 有趣的图画书

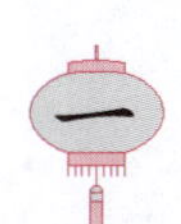

一 xiě hàn zì 写汉字 (Write characters)

yé 爷
丿 八 父 父 爷 爷
爷爷

hěn 很
丿 彳 彳 彳 彳 彳 很 很 很
很多

yú 于
一 二 于
于是

ná 拿
丿 人 人 人 合 合 拿 拿 拿 拿
拿出

běn 本
一 十 才 木 本
一本

yè

页

一 丆 丆 丙 页 页

一页

yán

颜

丶 亠 亠 立 立 产 产 彦 彦 彦 彦 彦 颜 颜 颜

五颜六色

piào

漂

丶 冫 氵 氵 氵 沪 沪 洒 洒 湮 湮 湮 漂 漂

漂亮

liàng

亮

丶 亠 亠 亡 亡 古 亭 亭 亮

漂亮

hū

忽

丿 勹 勹 勿 勿 忽 忽 忽

忽然

nín

您

丿 亻 亻 仁 仵 你 你 你 您 您 您

您

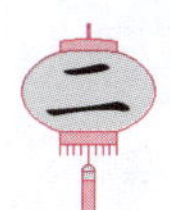

xuǎn zì tián kòng
选字填空 (Use the correct character to fill in the blank)

① 大象爷爷（　）出一（　）有趣的图画书。

② 五（　）六色的花又漂（　）又（　）。

③ （　）地上有一匹(pǐ)木马。

④ 大象（　）（　）听到小老鼠(shǔ)说："谢谢（　），再见！"

⑤ 小老鼠(shǔ)怎么不见了？大象爷爷觉得很（　）怪。

⑥ 小朋友，你觉得大象爷爷的（　）体书有趣吗？

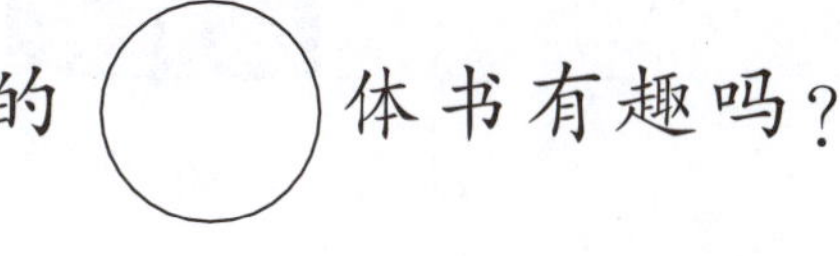

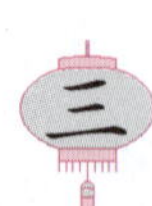

三 量词填空 (Choose the correct measure word to fill in the blanket)

liàng cí tián kòng

一(　　)笔  

二(　　)鱼 

三(　　)水 

四(　　)纸 

五(　　)书 

六(　　)衣服 

七(　　)房子 

八(　　)花 

九(　　)鞋子 (xié) 

十(　　)扣子 

四 读读写写 (Read and write)

dú dú xiě xiě

1

① 小老鼠(shǔ)说："我想看有趣的图画书。"于是，大象爷爷就拿出了一本图画书。

② 妈妈说："现在很多商店都在换季(jì)大减(jiǎn)价。"于是，我和妈妈就去逛街(guàng jiē)了。

③ 老师说："请把作业交上来。"于是，＿＿＿＿＿＿＿＿＿＿＿＿＿＿＿＿。

④ 哥哥说："＿＿＿＿＿＿＿＿。"于是，我＿＿＿＿＿＿＿＿＿＿＿＿＿＿＿＿。

⑤ ＿＿＿＿＿＿＿＿于是，＿＿＿＿＿＿＿＿＿＿＿＿＿＿＿＿＿＿＿＿。

2

① 一座多漂亮的房子！

② 一个多漂亮的玩具(jù)！

③ 一本多有趣的＿＿＿＿＿！

④ 一个多＿＿＿＿的＿＿＿＿＿！

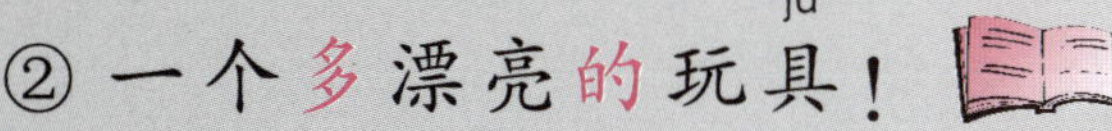

⑤ ＿＿＿＿＿＿＿＿＿＿＿！

马上: at once

3

① 小老鼠(shǔ)怎么不见了？

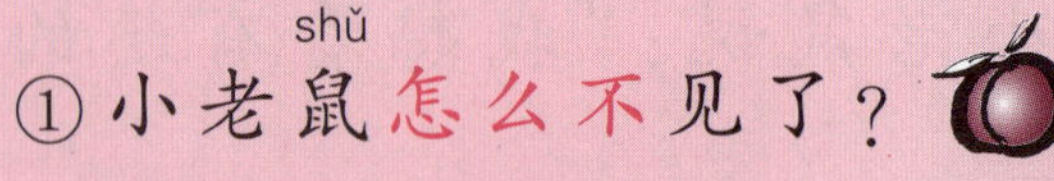

② 你怎么不读这个汉字？

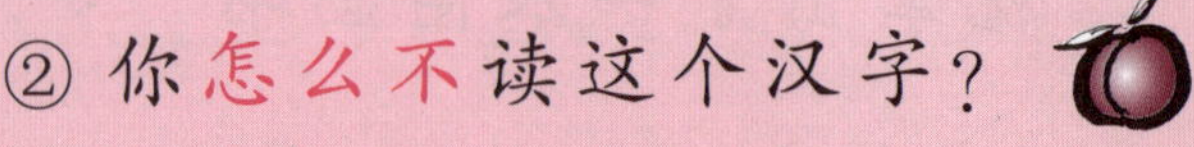

③ ______怎么不做中文作业？

④ 爷爷怎么不__________？

⑤ ________________？

4

① 忽然，大象爷爷听到小老鼠(shǔ)说："谢谢您，大象爷爷，再见。"

② 妹妹刚才在笑(xiào)，忽然，她不高兴了。

③ 刚才还是晴天，忽然，__________________。

④ ____________，忽然，我发现我忘记带中文书了。

⑤ ____________，忽然，__________________。

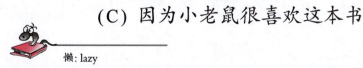

gēn jù kè wén xuǎn zé zhèng què de dá àn

五 根据课文选择正确的答案(Choose the right answer according to the text)

① 大象爷爷有很多________。

(A) 图画书 (B) 英文书 (C) 中文书

② 大象爷爷拿了一本________给小老鼠(shǔ)。

(A) 立体书 (B) 音乐书 (C) 故(gù)事书

③ 小老鼠(shǔ)打开第一页,看见了________。

(A) 小猫 (B) 花儿 (C) 木马

④ 小老鼠(shǔ)打开第二页,看见了________。

(A) 森林 (B) 草地 (C) 木马

⑤ 小老鼠(shǔ)打开第三页,看见了________。

(A) 房子 (B) 花儿 (C) 草地

⑥ 小老鼠(shǔ)不见了,它在________。大象爷爷觉得________。

(A) 骑马 (B) 大象爷爷的衣服里 (C) 房子里

(D) 很生气 (E) 很高兴 (F) 很奇怪

⑦ 为什么小老鼠(shǔ)拉着书回家去了?________。

(A) 因为书是小老鼠(shǔ)的

(B) 因为小老鼠(shǔ)很懒(lǎn)

(C) 因为小老鼠(shǔ)很喜欢这本书

懒: lazy

六 阅读理解(Reading comprehension)

我有很多书,其中一本是有趣的立体图画书。它是我七岁的生日礼物。是我的叔叔从北京买来的。这本书一共有八页。打开第一页,刚出生的小娃娃在睡觉。第二页,娃娃二岁了,他在笑。第三页,小娃娃三岁了,他在走路。第四页,小娃娃四岁了,他在骑木马。第五页,小娃娃五岁了,他在画画。第六页,小娃娃六岁了,他在看书。第七页,小娃娃七岁了,他在写字。最后一页上有很多五颜六色的花,还有我叔叔写的一句话:祝你生日快乐!

判断对错(True or false)

① "我"七岁的生日礼物是娃娃。□

② 这本书是叔叔从北京买的。□

③ 这本书一共有七页。□

④ "五颜六色"的意思是五六种不同的颜色。□

⑤ 在这本图画书的最后一页上只有叔叔写给"我"的一句话。□

其中: among them; 叔叔: uncle; 从: from; 一句话: a line, a sentence

第十四课 掩耳盗铃
yǎn dào

一 写汉字 (Write characters)
xiě hàn zì

ěr 耳
一 丁 丌 丌 丌 耳
yǎn dào
掩耳盗铃

gǔ 古
一 十 十 古 古
古时候

shí 时
丨 冂 月 日 日一 时 时
古时候

xiǎng 响
丨 口 口 口' 口' 响 响 响 响
dīng
叮当响

bèi 被
丶 ㇇ 衤 衤 衤 衤' 衤' 衤' 被 被
被

zěn

丿 𠂉 𠂇 乍 乍 乍 怎 怎 怎

怎

怎么办

bàn

丶 丷 䒑 兰 半

半

半天

qǐ

一 十 土 丰 丰 走 走 起 起 起

起

yǎn
掩起来

lǐ

丨 冂 日 日 旦 甲 里

里

门里

chū

乚 凵 屮 出 出

出

跑出来

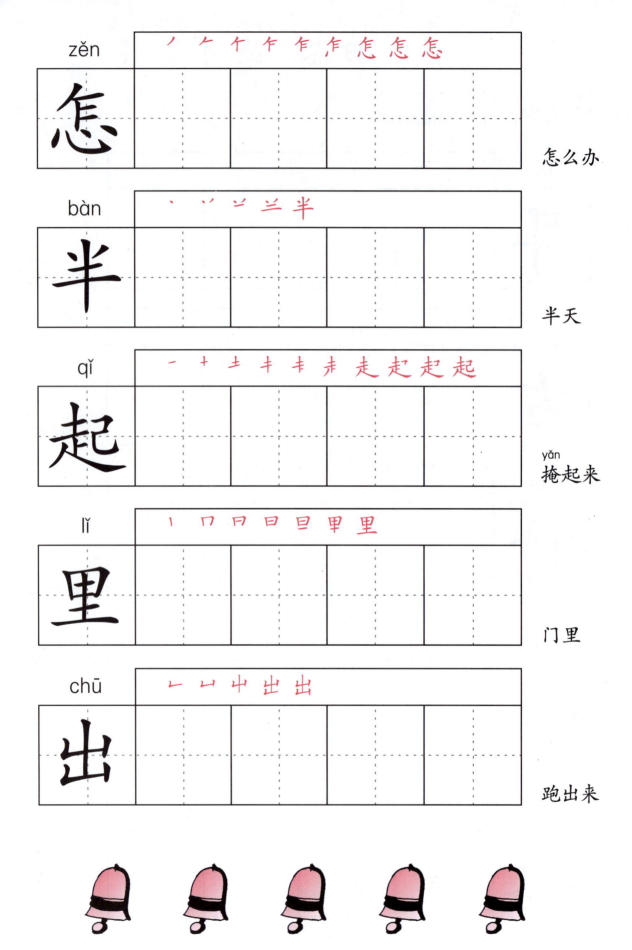

二 选字填空(Choose the correct character to fill in the suitable sentence)

xuǎn zì tiánkòng

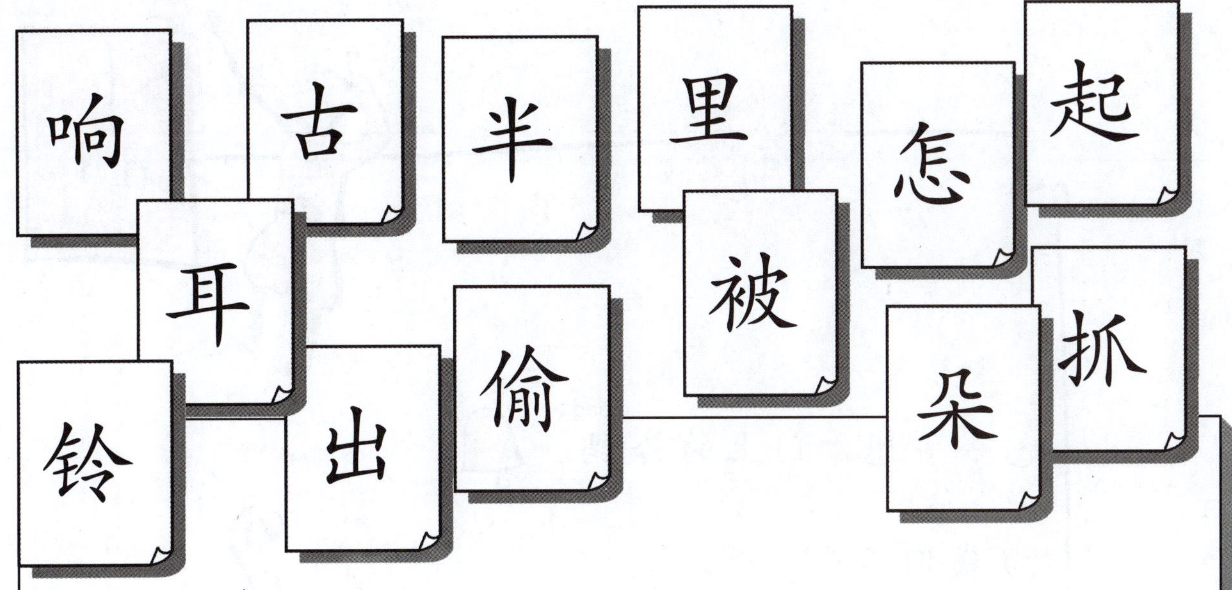

① ____时候，有一个小____想偷人家门上的____铛(dāng)。

② 铃铛(dāng)一____就会____人发现的。

③ ____么办呢？

④ 他想了____天，有了主意：如果不让____朵听见就可以偷了。

⑤ 他把自己的耳____掩(yǎn)____来。

⑥ 可是，他一动手，门____就有人跑____来，____住了他。

三 读读写写 (Read and write)

dú dú xiě xiě

1

偷

① 小偷想偷门上的铃铛(dāng)。

② 我们不能偷听＿＿＿＿＿＿＿＿。

③ ＿＿＿＿＿偷看＿＿＿＿＿＿，我很生气。

④ 不知道为什么他总(zǒng)是很喜欢偷笑(xiào)。

⑤ ＿＿＿＿＿＿偷＿＿＿＿＿＿＿＿。

2

发现

① 爸爸发现我家的门铃坏(huài)了。

② ＿＿＿＿＿发现＿＿＿＿＿在偷你的钱。

③ ＿＿＿＿＿发现＿＿＿＿＿＿＿＿＿＿。

④ ＿＿＿＿＿发现＿＿＿＿＿＿＿＿＿＿。

坏：doesn't work

3

jù
"被"字句

① 我喝了果汁。 
→ 
① 果汁被我喝了。 

dāng
② 小偷偷了铃铛。 
→ 
dāng
② 铃铛被小偷偷了。 

③ ________________ ______________。
→ 
táng
③ 糖被奶奶吃了。 

④ 他摔破了杯子。 
→ 
④ __________被______ ______________。 

4

一……就……

pèng dāng dīng
① 手一碰铃铛，铃铛就会叮当响。 

dāng
② 铃铛一响就会被人发现。 

句: sentence；糖: candy

③ 小明一到学校就去交他的中文作业。

④ ______一吃完午饭就出去踢足球，好吗？

⑤ ______一______就看电视。

⑥ ______一______就______。

四 根据课文，判断对错(Read the text and make your judgement: true or false)

① 有一个小偷想偷门。 (　　)

② 铃铛会唱歌，所以叮当响。 (　　)

③ 小偷把自己的耳朵掩起来去偷铃铛。 (　　)

④ 小偷偷到了铃铛。 (　　)

⑤ 小偷没有被人抓住。 (　　)

⑥ 小偷不是个聪明的人。 (　　)

⑦ “掩耳盗铃”的“盗”字是“偷”的意思。 (　　)

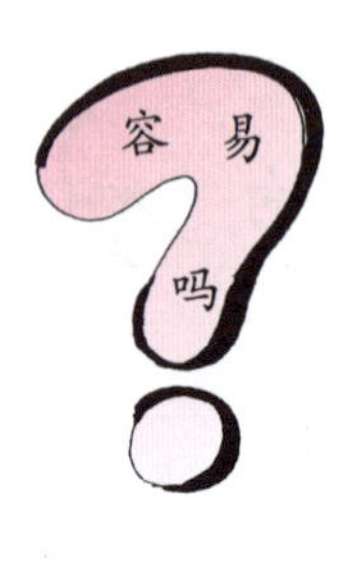

你是个聪明的学生！

意思: meaning

五 gēn jù kè wén huí dá wèn tí
根据课文，回答问题(Answer the questions according to the text)

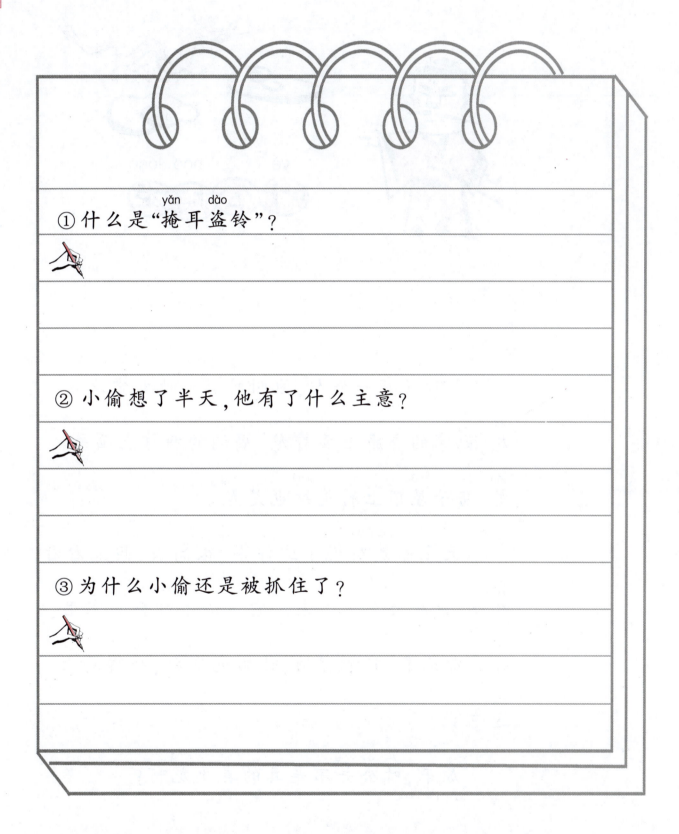

① 什么是"掩(yǎn)耳盗(dào)铃"？

② 小偷想了半天，他有了什么主意？

③ 为什么小偷还是被抓住了？

六 yuè dú lǐ jiě 阅读理解(Reading comprehension)

古时候有一个人,他叫叶公(yè)。他非常喜欢龙(lóng),他穿的衣服上画着龙(lóng),喝酒(jiǔ)的酒(jiǔ)杯上画着龙(lóng),房子屋(wū)顶上的花纹(wén)也是龙(lóng)。

天上的龙(lóng)听说了这件事,很高兴,想来看看叶(yè)公,就从天上飞下来。它飞进了叶(yè)公的家里,叶(yè)公看见了,非常害(hài)怕,他脸色发白,吓(xià)得马上逃(táo)跑了。

原来,叶(yè)公并(bìng)不是真的喜欢龙(lóng)啊!

叶公: a person's name; 龙: dragon; 酒: alcohol; 屋顶: roof; 花纹: decoration design; 害怕: to be scared; 脸色发白: white about the gills; 吓: to frighten; 逃跑:run a way; 并不是真的:not really

huí dá wèn tí
回答问题(Answer the questions)

yè hào lóng hào
①“叶公好龙”的“好”字是什么意思?

miáo shù yè hào lóng jù
② 从课文中找出描述“叶公好龙”的句子。

1) ____________________

2) ____________________

3) ____________________

yè zhēn lóng
③ 叶公看见真龙后,他做了什么?

yè dǐ lóng
④ 叶公到底喜欢龙吗?

描述: to describe; 句子: sentence; 到底: on earth

第十五课 鲁班和伞

lǔ

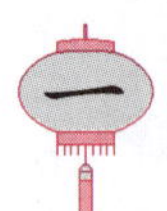

一 写汉字 (Write characters)

xiě hàn zì

rú 如
㇛ 𡿨 女 如 如 如
如果

yǔ 雨
一 丆 帀 币 帀 雨 雨 雨
下雨

zuò 做
丿 亻 亻 仁 什 估 估 做 做 做 做
做东西

dōng 东
一 𠂇 东 东 东
东西

huí 回
丨 冂 冂 回 回 回
回家

xiàng

丿 亻 亻' 亻' 亻' 伯 伯 伯 侉 侉 傪 像 像

像

像

yáng

丶 丷 䒑 䒑 兰 羊

羊

羊皮 (pí)

yòng

丿 冂 月 月 用

用

不用

kāi

一 二 于 开

开

打开

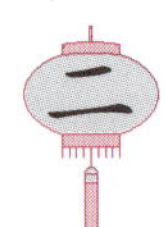

二 按要求画画 (Draw as the requirements)

àn yāo qiú huà huà

请你画你自己顶着一片荷叶(hé)，在雨中慢慢(màn man)地走！

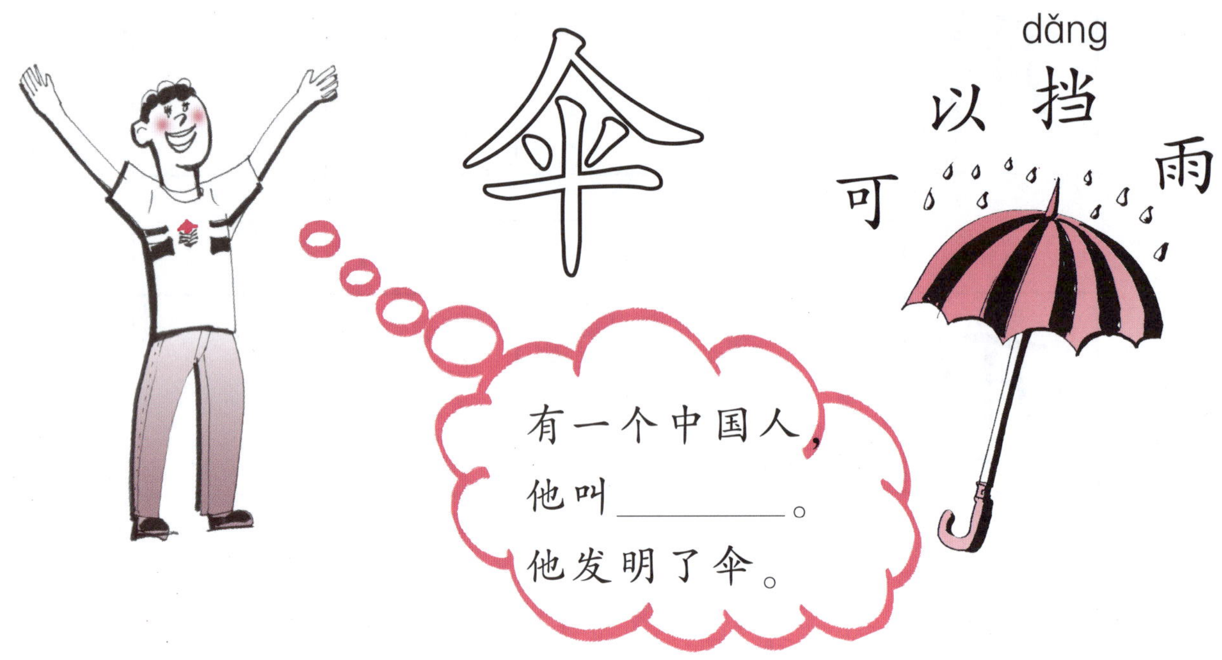
伞
可以挡(dǎng)雨
有一个中国人，
他叫 ________。
他发明了伞。

请你画一把你的伞！

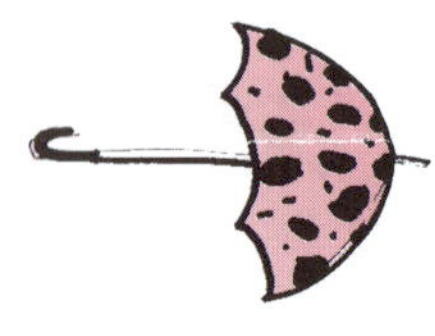

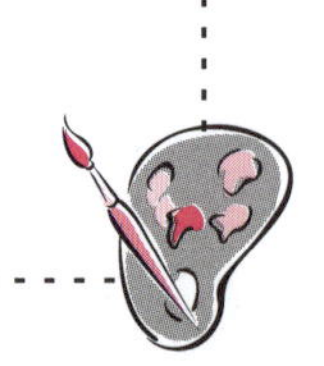

发明:to invent

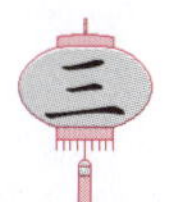

三 选字填空 (xuǎn zì tián kòng) (Choose the correct character to fill in the blank according to the text)

① 很久以前，人们______有伞。

② 鲁(lǔ)班想：______果有一个______西，可以挡(dǎng)______多好啊！

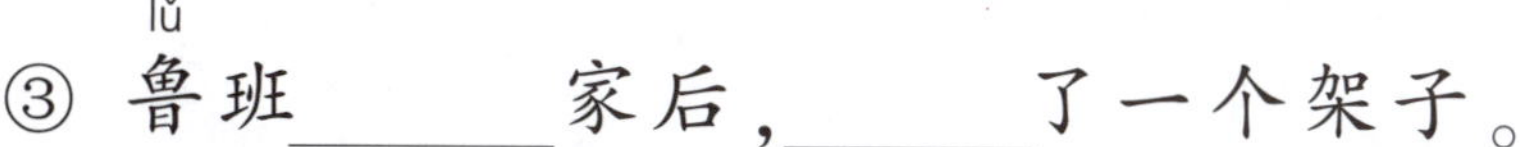

③ 鲁(lǔ)班______家后，______了一个架子。

④ 鲁(lǔ)班又找了一张______皮(pí)，贴在架子上。

⑤ 后来，鲁(lǔ)班又把伞变成可以活动的。______的时候，就打______。

四 读读写写 (Read and write)

dú dú xiě xiě

1

如果……就……

① 如果我们在雪地上走，雪地上就会留下我们的脚印。

② 如果你捡到（dào）一个钱包，找不到失主，你就可以写一个失物招领。

③ 如果森林学校的小朋友们把大象老师的话听完，他们就不会画错了。

④ 如果你不舒服，就去＿＿＿＿＿＿＿＿＿＿。

⑤ 如果明天不下雨，我们就＿＿＿＿＿＿＿＿＿＿。

⑥ 明天如果＿＿＿＿＿＿＿＿，老师就＿＿＿＿＿＿＿＿＿＿。

⑦ 如果＿＿＿＿＿＿＿＿，就＿＿＿＿＿＿＿＿＿＿＿。

2 像……的样子

①

xíng zhuàng
这颗扣子的形状像桃子的样子。☺

②

jī qì
有些机器人像真人的样子。☺

③

liǎn
他的脸像______的样子，红红的，圆圆的。
yuányuán

④

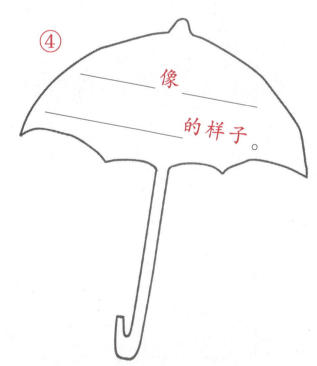

______像______
______的样子。

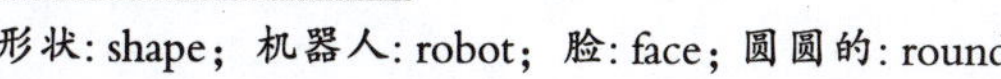

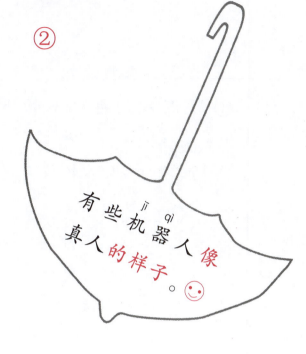

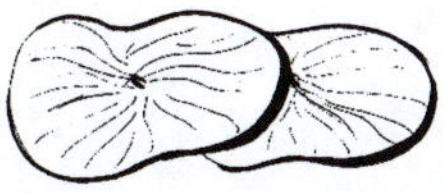

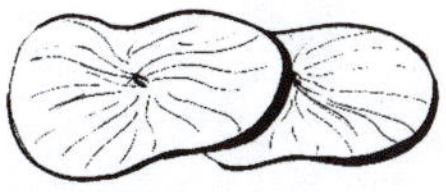

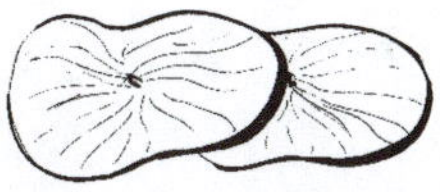

形状：shape；机器人：robot；脸：face；圆圆的：round

3

……再也不……

① 现在人们再也不怕下雨了。

xióng
② 熊猫再也不怕没有竹子吃了。

chí dào
③ ________上中文课再也不迟到了。

tiáo pí
④ ________说："__________再也不调皮了。"

⑤ ________再也不喜欢__________。

⑥ ________再也不怕__________。

⑦ __________再也不______________。

竹子: bamboo；迟到: be late；调皮: naughty

五 zhuǎnhuàn jù zi 转换句子 (Change the sentence structure)

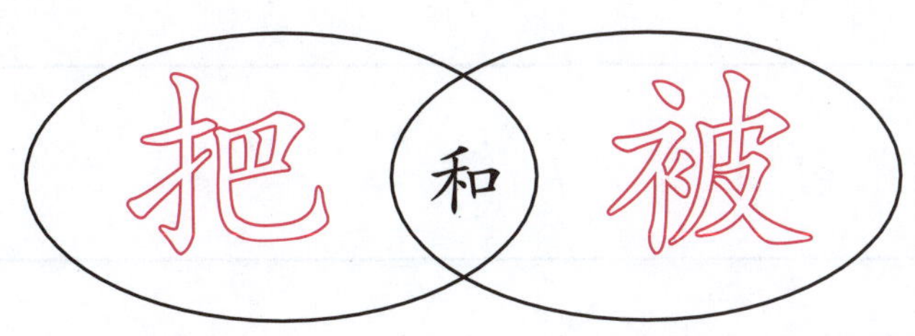

我把门关上了。

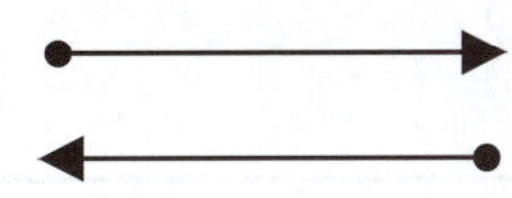

门被我关上了。

① 哥哥把汉堡(bǎo)包吃了。

② 我的小狗被我的奶奶带走了。

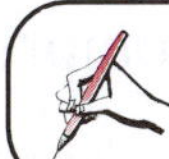

③ 他把球踢(tī)得很远。

④ 学生们把今天的作业放进了书包里。

⑤ 那个瓶子被我摔坏了。

⑥ 我把我的中文名字写在我的中文书上。

⑦ 妹妹的午饭被姐姐放进了冰箱(xiāng)里。

冰箱: refrigerator

⑧ 今天有大风，风**把**我的报纸吹走了。

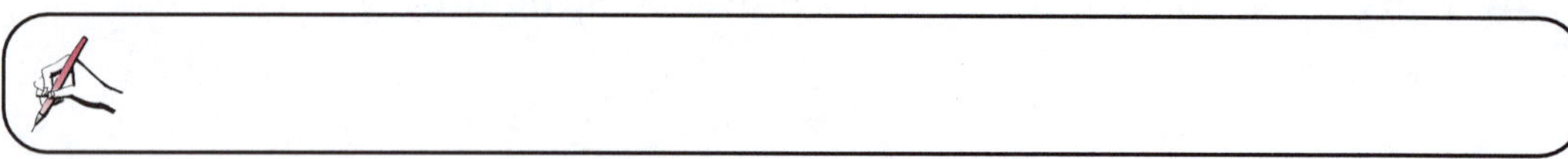

⑨ 请你自己造两句(jù)！！

六 阅读理解 (yuè dú lǐ jiě) (Reading comprehension)

一天下午，明明打算去商店买东西。他出门的时候，太阳还在头顶上对他笑呢！可是一会儿就下起雨来了。

明明没有带伞，他全身都湿了。他很不高兴。正在这个时候，明明突然发现不下雨了。他抬(tái)头一看，原来他的头上多了一把蓝色的伞。明明回头一看，原来是他的好朋

抬头：to raise one's head；回头：to turn round

友红红站(zhàn)在他的身边(biān)。红红对他说："我也要去商店买东西，我正好带着伞，我们一起走吧！"

明明开心地笑了。

判断对错(pàn duàn duì cuò)(True or false)

① 明明出门的时候天气非常好。 (　　)

② 明明出门的时候带着伞，可是后来掉了。 (　　)

③ 明明很不开心，因为他被雨淋(lín)湿了。 (　　)

④ 那把蓝色的伞是明明的好朋友红红的。 (　　)

⑤ 最后，明明很高兴地和红红一起回家了。 (　　)

站: to stand；身边: at one's side；开心:happily；淋: to drench

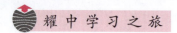

第十六课　前面也有雨

一 xiě hàn zì 写汉字 (Write characters)

xiào

笑

丿 𠂉 ⺮ 𥫗 𥫗 ⺮ 笁 竺 竽 笑

笑话

cóng

从

丿 人 从 从

从前

dāi

呆

丨 冂 口 旦 早 呆 呆

书呆子

màn

慢

丶 丷 忄 忄 忄 忄 忄 忄 悍 悍 悍 悍 慢 慢

慢腾腾

róng

容

丶 丶 宀 宀 穴 穸 突 穾 容 容

从容

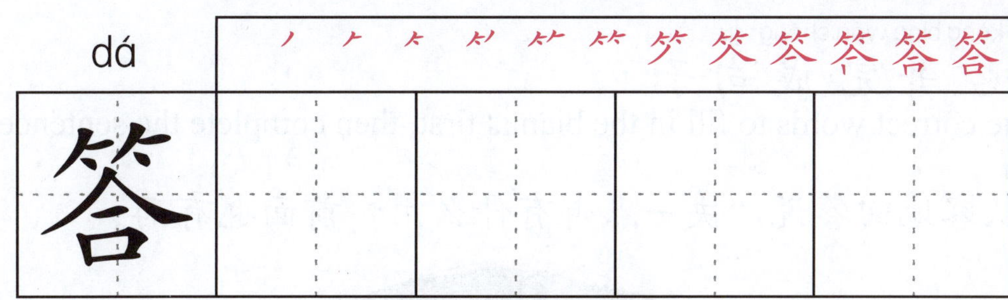

回答

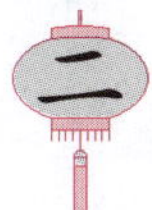

qǐng zhǎo chū zhè zé xiào huà zhōng de dòng cí, yuè duō yuè hǎo
请找出这则笑话中的动词，越多越好
(Please find the verb in the joke, the more the better)

cí
你找到了几个动词？

动词：verb

三 选词填空并完成句子

xuǎn cí tián kòng bìng wán chéng jù zi

(Choose the correct words to fill in the blanks first, then complete the sentences)

书呆子从容地回答说："快一点走有什么用？前面也有雨。"

① 爸爸问小明："你的考试成绩为什么是'D'？"

小明 ________ 地回答说："我，我，我学习不努力(nǔ lì)。"

② 司机(sī jī)问小红："请问你到哪里去？"

小红 ________ 地回答说："飞机场，请快点，我要赶(gǎn)飞机。"

③ 老师对小丽说："你早！小丽！"

小丽 ________ 地回答说："________________。"

④ 老师对大山说："今天没有作业。"

大山 ________ 地回答说："________________。"

考试：test；努力：work hard

四 阅读理解(Reading comprehension)

yuè dú lǐ jiě

笑话——在电影院

yǐngyuàn

昨天晚上，大山去电影院看电影。当电影放到非常精彩的时候，突然大山发现坐在他旁边的一个人正把一只手伸进他的口袋拿钱。这个小偷知道自己被发现了，马上对大山说："对不起，我想伸进自己的口袋拿手帕，不小心伸错了地方。"过了一会儿，只听到"啪"的一声，小偷的脸被打了一下。大山马上对小偷说："对不起，我想打我自己脸上的蚊子，但是不小心打错了地方。"

当：when；伸：to stretch；口袋：pocket；手帕：hand kerchief；错：wrong；啪：a sound；脸：face；蚊子：mosquito

xuǎn zé tí
选择题(Multiple-choice)

① 这个笑话发生在什么地方?(　　)

(A) 商店　(B) 学校　(C) 电影院(yǐng yuàn)

② 小偷想干什么?(　　)

(A) 拿手帕(pà)　(B) 拿大山的钱　(C) 拿自己的钱

③ 大山发现小偷后做了什么?(　　)

(A) 大山没做什么。

(B) 大山笑着说:"没关系(xi)。"

(C) 大山打了小偷的脸(liǎn)。

④ 小偷的脸(liǎn)被打了一下,是因为＿＿＿＿。(　　)

(A) 小偷要偷大山的东西。

(B) 小偷的脸(liǎn)上有蚊(wén)子。

(C) 大山的脸(liǎn)上有蚊(wén)子。

脸:face

五 xiě zuò 写作 (Writing)

mù
(题目)：＿＿＿＿＿＿＿＿

题目：title

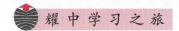

第十七课　好运气

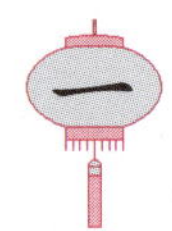

xiě hàn zì
写汉字(Write characters)

yùn	一 二 云 云 运 运 运
运	

运气

yǎo	丨 口 口 口 吖 吖 吖 咬 咬
咬	

咬伤

tòng	丶 亠 广 广 疒 疒 疒 疒 痏 痏 痏 痛
痛	

痛

jí	一 十 才 木 木 朷 极
极	

极了

dī	丿 亻 亻 亻 仾 低 低
低	

低头

liú

、 冫 氵 氵 氵 浐 浐 浐 流 流			
流			

流血

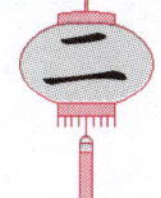

qǐng zhǎo chū zhè zé xiào huà zhōng de dòng cí yuè duō yuè hǎo
请找出这则笑话中的动词，越多越好
(Please find the verb. in the joke, the more the better)

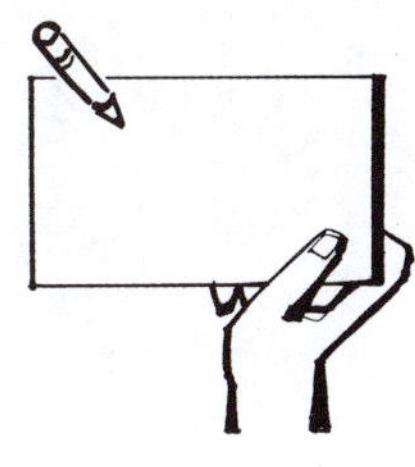
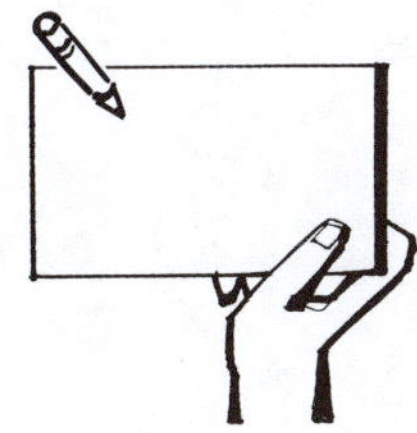

cí
你找到了几个动词？

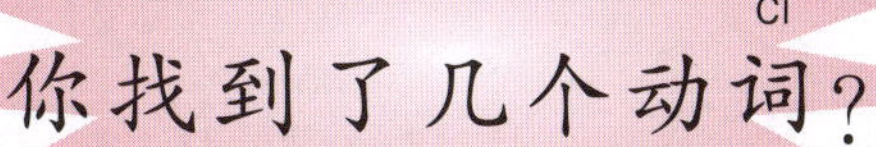

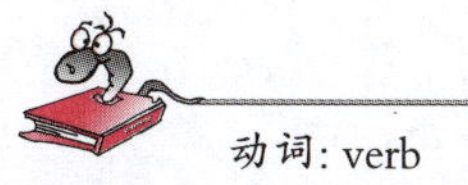

动词: verb

三 转换句子(Change the sentence structure)

zhuǎn huàn jù zi

① 公园里有很多花草树木(shù mù)。

→ 公园里的花草树木(shù mù)多极了。

② 大山的姐姐(jiě jie)长得很漂亮。

→ 大山的姐姐(jiě jie)长得________。

③ 今天是我的生日，我很高兴。

→ 今天是我的生日，我________。

④ 我的宠(chǒng)物小狗生病了，我很伤心。

→ 我的宠(chǒng)物小狗生病了，我________。

⑤ ________很________。

→ ________极了。

树木：woods；伤心：sad

四 读读写写(dú dú xiě xiě)(Read and write)

1

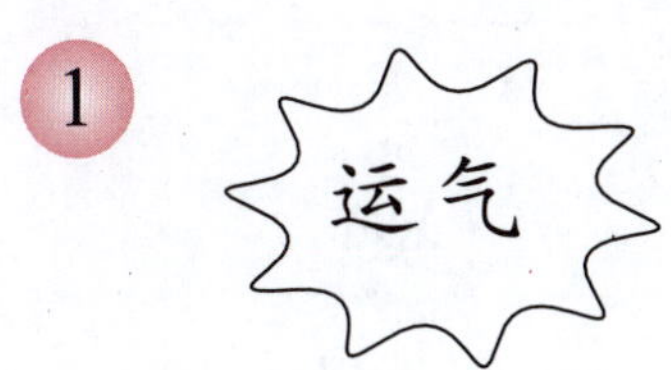

① 今天我的运气真好。☺

② 不是每个人都有好运气的。☺

③ 爸爸 ____________，他的运气真好啊！

2 看望

① 你可以和我一起去看望老师吗？☺

② 春节的时候，我们全家去看望了爷爷奶奶。☺

③ 我的朋友 ____________，我要去看望他。

3 喜出望外

① 她又生了一个可爱的宝宝(bǎobao)，大家都喜出望外。☺

② 中国队在最后一分钟踢(tī)进一球，我们都喜出望外。☺

③ 大山考(kǎo)试 ____________，他喜出望外。

4 幸好

① 放学了，天突(tū)然下雨了，幸好我带伞了。☺

② 今天早上堵(dǔ)车，幸好我出门早，上学没有迟到(chí dào)。☺

③ 今天妈妈突(tū)然要检查(jiǎn chá)我的作业，幸好 ____________

____________________。

春节：Spring Festival；宝宝：baby；考试：test；堵车：traffic jam；突然：suddenly；迟到：be late；检查：check

五 阅读理解(Reading comprehension)
yuè dú lǐ jiě

一天,妈妈和女儿在厨(chú)房洗碗(wǎn),爸爸和儿子在看电视。忽然,听见一声盘(pán)子摔破(shuāi pò)的声音(shēng yīn),然后就没有声音(shēng yīn)了。

儿子看看爸爸,对他说:"一定是妈妈把盘(pán)子摔破(shuāi pò)了。"爸爸问儿子:"你怎么知道的?""因为她没有批评(pī píng)姐姐!"

判断对错(True or false)
pàn duàn duì cuò

① 在厨(chú)房洗碗(wǎn)的人是妈妈。 ☐

② 弟弟看见厨(chú)房里发生了什么事。 ☐

③ 妈妈和姐姐都把盘(pán)子摔破(shuāi pò)了。 ☐

④ 爸爸一开始不知道是谁摔破(shuāi pò)了盘(pán)子。 ☐

⑤ 妈妈没有生气,因为盘(pán)子是她自己摔破(shuāi pò)的。 ☐

碗:bowl; 盘子:plate; 批评:to criticize

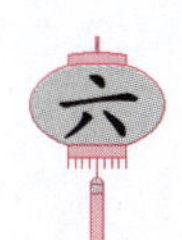

xiě zuò 写作 (Writing)

我　的　笑　话

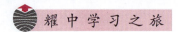

第十八课 电话留言

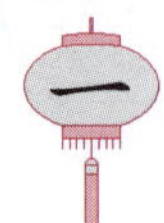

一 xiě hàn zì 写汉字 (Write characters)

yán 丶 亠 亡 产 言 言 言

言 留言

rè 一 † 扌 扌 执 执 执 热 热 热

热 热

néng ⺊ 厶 ⺊ 育 育 育 育 能 能 能

能 不能

bó 丿 亻 亻 亻 伯 伯 伯

伯 伯伯

cān ⺊ 厶 厶 乒 矣 矣 参 参

参 参加

jiā

㇇ 力 加 加 加

加

参加

zhào

丨 冂 月 日 日 ⺝ 昭 昭 昭 照 照 照 照

照

照看

mèi

㇛ 女 女 女 妒 妹 妹 妹

妹

妹妹

qì

丶 丶 氵 氵 汽 汽 汽

汽

汽车

huài

一 十 土 土 圷 坏 坏

坏

坏

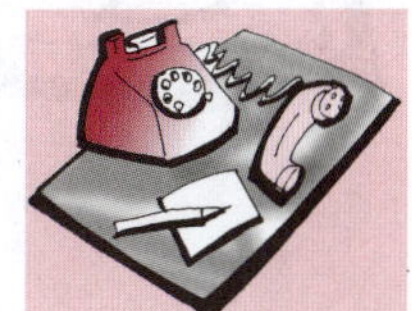

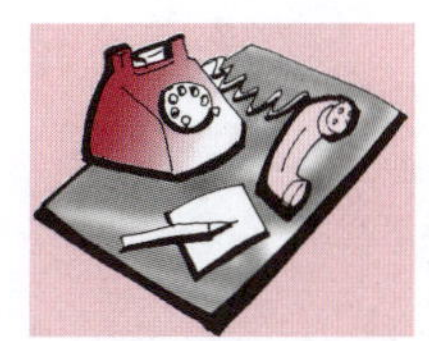

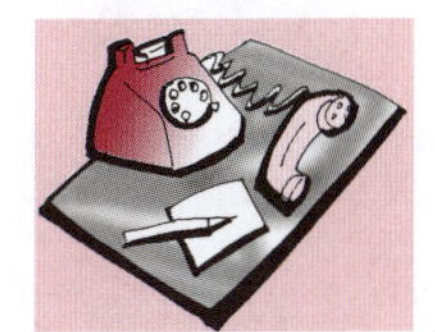

二 读读写写(Read and write)

dú dú xiě xiě

① 王红来电话说，她生病(bìng)了，明天中午不能来野餐了。

② 李(lǐ)伯伯来电话说，他周末(mò)晚上有点儿事，不能来吃晚饭了。

③ ________来电话说，下午她要照看表弟，不能来________
____________________。

④ ________来电话说，____________，不能去参加足球比赛了。

⑤ ________来电话说，____________，____________
____________________。

三 照样子，写句子(Write the sentences according to the example)

zhàoyàng zi xiě jù zi

lì
例

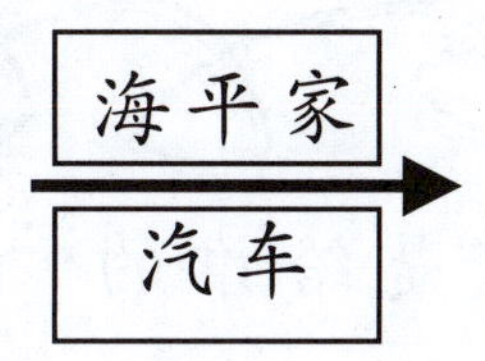

海平家的汽车坏了。

①

②

③

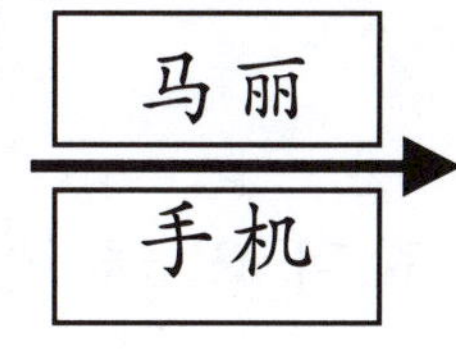

④

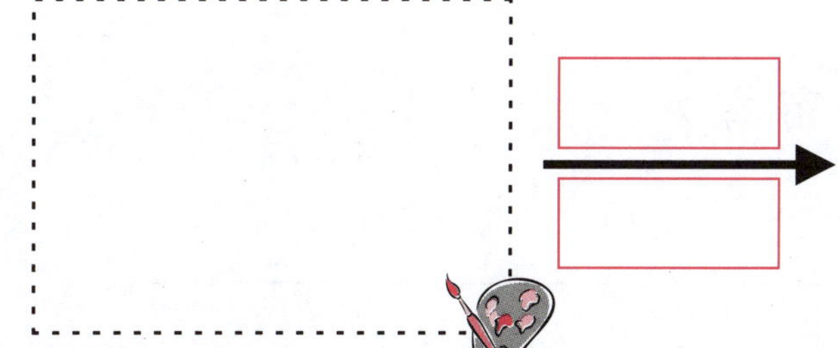

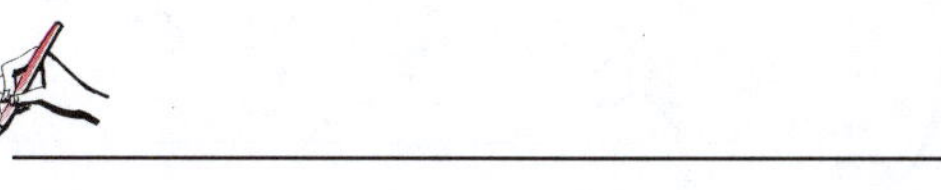

例：example；电脑：computer；手机：mobile telephone

gēn jù kè wén huí dá wèn tí

四 根据课文，回答问题(Answer the following questions according to the text)

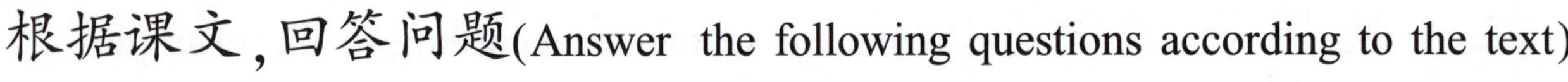

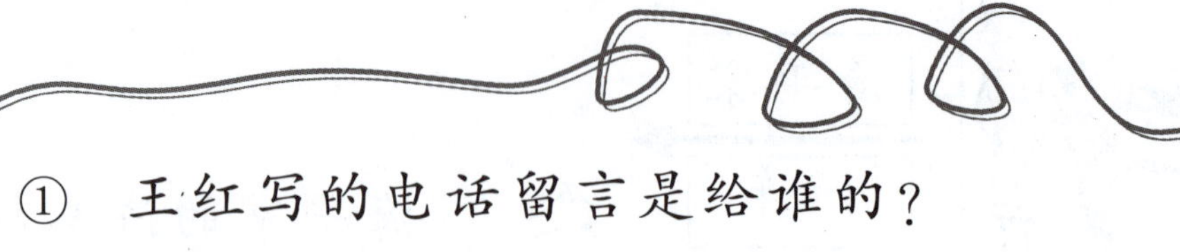

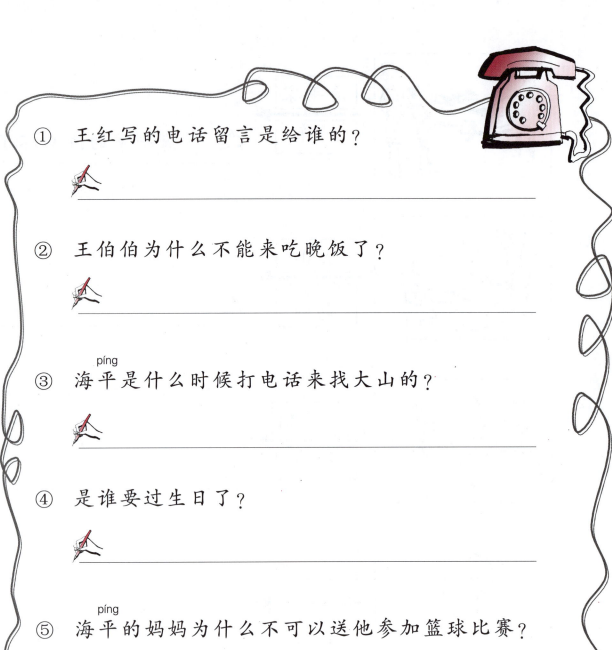

① 王红写的电话留言是给谁的？

② 王伯伯为什么不能来吃晚饭了？

③ 海平(píng)是什么时候打电话来找大山的？

④ 是谁要过生日了？

⑤ 海平(píng)的妈妈为什么不可以送他参加篮球比赛？

⑥ 谁给王明写了电话留言？

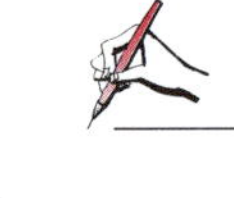

五 yuè dú lǐ jiě 阅读理解 (Reading comprehension)

gēn jù zuǒ miàn de diàn huà liú yán huí dá wèn tí
根据左面的电话留言回答问题
(Answer the questions according to the telephone messages on left side)

大山：

刚才，海平(píng)来电话说，他和王勇这个星期天去人民(mín)公园野餐。他想请你和他们一起去。请打电话告诉他你是否(fǒu)有时间去。

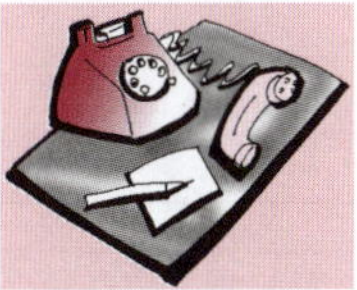

妈妈

四月三日

① 这个电话留言是谁写的？

______

______

② 海平(píng)为什么要打电话给大山？

______

______

③ 大山回家看到这个电话留言后要做什么？

______

______

______

张老师：

你中文班的学生马明来电话说，他今天和明天都不能来上中文课了，因为他生病(bìng)了。

办公室 王小姐

三月十一日

① 是谁打的电话？

______

② 哪几天马明不能去上中文课？

______

______

______

人民公园：People's Park；是否：whether；小姐：Miss

qǐng nǐ xiě yī gè diàn huà liú yán

六 请你写一个电话留言(Please create a telephone message)

电话留言

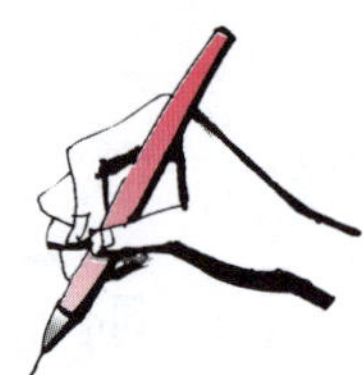

第十九课　日记七则(一)

xiě hàn zì
一 写汉字(Write characters)

qíng	丨 冂 月 日 日一 日二 日十 日丰 晴 晴 晴 晴
晴	

晴天

jì	阝 阝 阝一 阝二 阡 阡 际
际	

国际

hǎi	丶 丶 氵 氵 氵 汇 泃 海 海 海
海	

上海

zhuō	丨 卜 卜 占 占 卓 卓 卓 桌 桌
桌	

同桌

guān	フ 又 对 对 观 观
观	

参观

xuǎn cí tián kòng

二 选词填空 (Choose the correct word to fill in the blanks)

1

上学　放学　开学

① 今天是________的第一天。

② 我们去上海耀(yào)中国际学校________。

③ 我们每天下午三点半________。

2

整个　同桌　热闹　校园

① 我们的________又大又漂亮。

② 你的________叫什么名字？

③ 我们参观了________图书馆。

④ 星期天的公园特别________。

放学：classes are over；公园：park

三 读读写写 (Read and write)

dú dú xiě xiě

带　　参观

① 昨天，老师带大家参观了整个博物馆。(bó)

② ____________，他会带他的外公去参观整个校园。

③ ________，王老师带____________参观了整个图书馆。

④ ________，__________带小朋友参观了____________。

⑤ ________，______________带____________参观________

____________。

四 yuè dú lǐ jiě 阅读理解(Reading comprehension)

二〇〇四年八月三十日 星期一 晴天

又要开学了！这个学年开始我就是一名中学生了。哈哈(hā hā)，我再也不是小孩子了！今年我一定要努力(nǔ lì)学习，让我的全家为我骄傲(jiāo ào)！

下午我和妹妹一起去家乐福(fú)买了很多文具(jù)，有橡皮(xiàng pí)、铅(qiān)笔、尺(chǐ)、卷(juǎn)笔刀和铅笔袋(bǐ)等等。我还给自己买了一本中文词典(cí diǎn)。

学年：academic year；中学生：secondary student；哈哈：ah ah；努力：work hard；骄傲：be proud；家乐福：Carrefour；袋：bag；词典：dictionary

xuǎn zé tí
选择题(Multiple choice)

① 那天天气怎么样？

(A)  (B)  (C)  (D)

② 要开学了，"我"觉得怎么样？

(A)  (B)  (C)  (D)

③"我"几岁？

(A)10~11 岁 (B)12~13 岁 (C)15~16 岁 (D)17~18 岁

④ 什么东西"我"没有买？

(A)  (B) 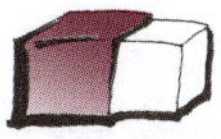 (C) 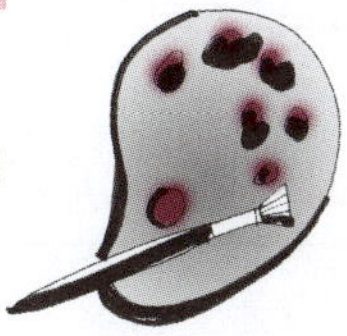 (D)

五 请你写一则日记(Please write a diary)

qǐng nǐ xiě yì zé rì jì

日记七则(二)

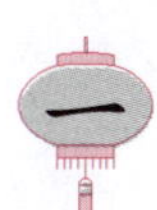

xiě hàn zì
写汉字(Write characters)

kè
课
丶 讠 讠 讠 讠 讠 讵 评 课 课
中文课

dōu
都
一 十 土 耂 耂 者 者 者 者 都
都

jiè
介
丿 人 介 介
介绍

shào
绍
𠃋 纟 纟 纟 纫 绍 绍 绍
介绍

cái
才
一 十 才
才

gè

各

丿 ク 夂 夂 各 各

各不相同

měi

每

丿 𠂉 𠂉 乍 每 每 每

每个

wēn

温

丶 丶 氵 氵 氵 氵 氵 氵 温 温 温 温

温暖

nuǎn

暖

丨 冂 日 日 日 日 日 日 日 日 暖 暖 暖

温暖

tíng

庭

丶 亠 广 广 广 广 庄 庭 庭

家庭

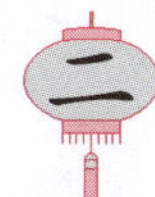

xuǎnliàng cí tiánkòng
二 选量词填空(Choose the correct measure word and fill in the blanks)

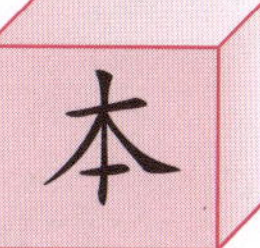

件

好几(　　)衣服　　　　好几(　　)裤子

好几(　　)同学　　　　好几(　　)中文书

好几(　　)扣子　　　　好几(　　)兔子

好几(　　)报纸

pǐ pèi
三 匹配(Match)

高矮胖瘦各不相同

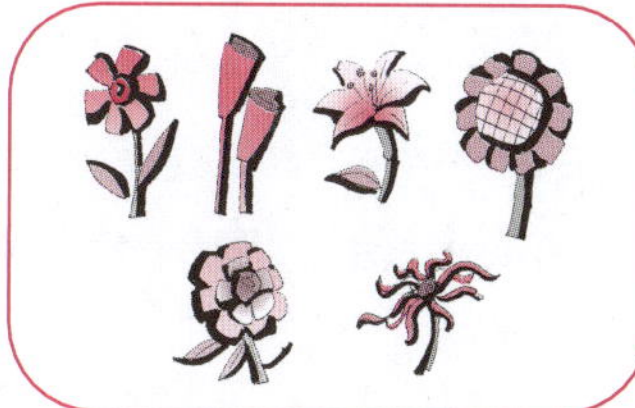

五颜六色各不相同

大小多少各不相同

前后左右各不相同

四 读读写写 (Read and write)

dú dú xiě xiě

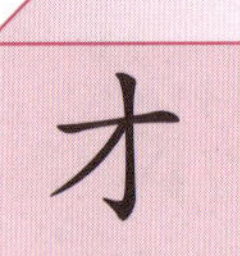

① 我这时候才知道同学们来自不同的年级。 

② 快晚上十点了，我们才吃晚饭。 

③ 他说了半天，警察(jǐng chá)才明白原来他迷(mí)路了。 

④ 爸爸找了一个小时才________________。

⑤ ________________才有了主意。

⑥ ________________才________________。

明白：to understand

五 连线成句(Complete the sentences through matching)

lián xiàn chéng jù

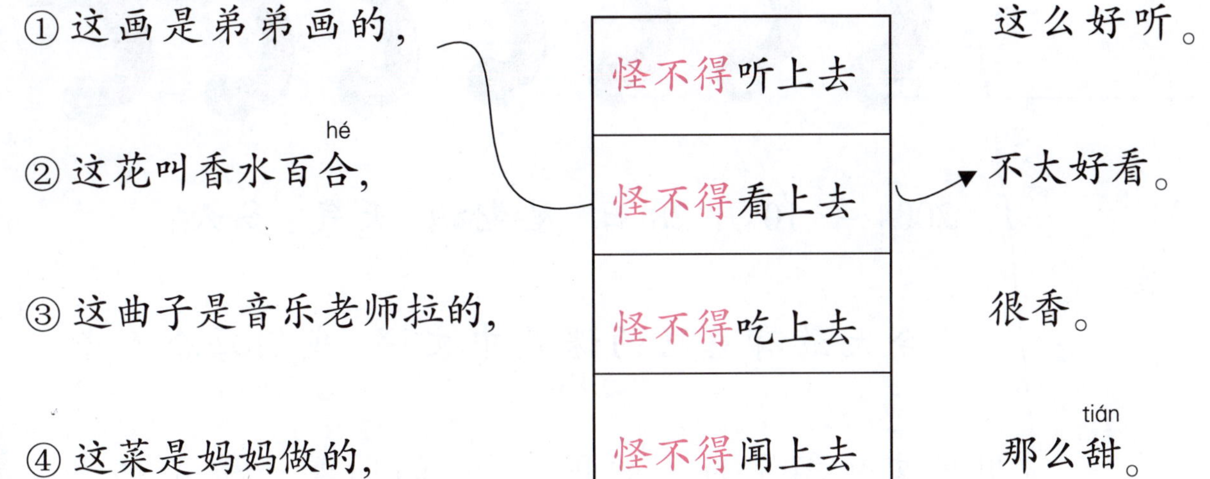

① 这画是弟弟画的，	怪不得听上去	这么好听。
② 这花叫香水百合(hé)，	怪不得看上去	不太好看。
③ 这曲子是音乐老师拉的，	怪不得吃上去	很香。
④ 这菜是妈妈做的，	怪不得闻上去	那么甜(tián)。

六 填空(Please fill in the table)

tián kòng

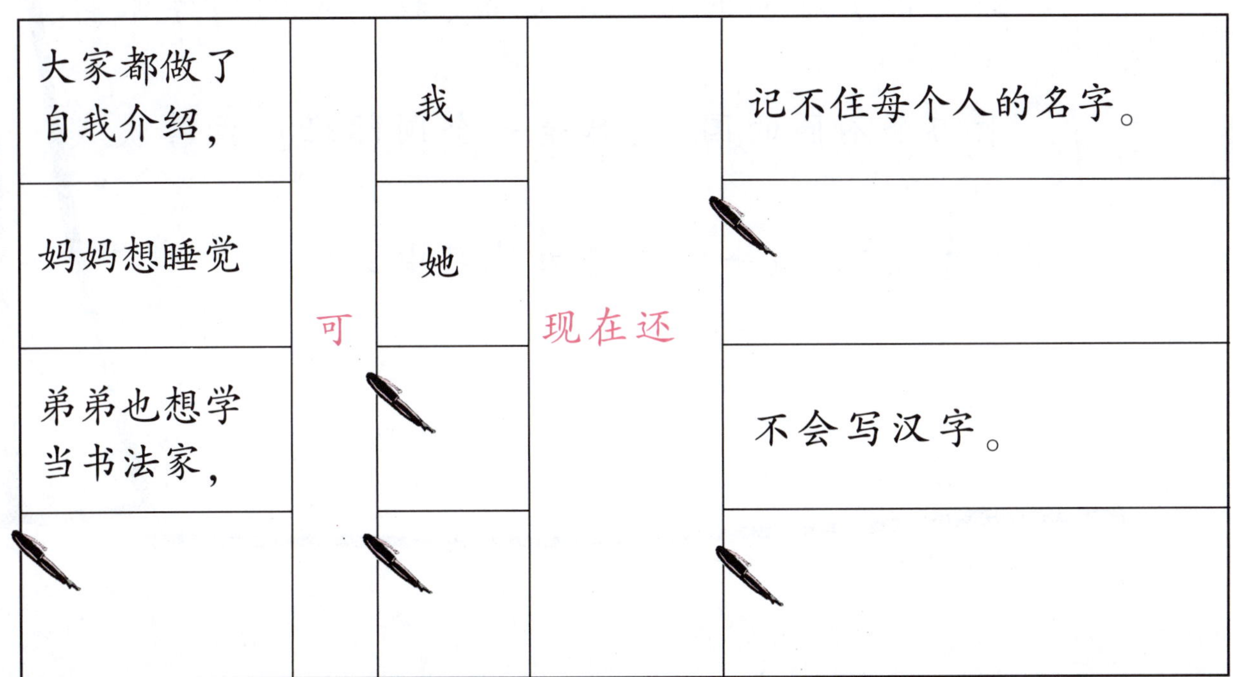

大家都做了自我介绍，	可	我	现在还	记不住每个人的名字。
妈妈想睡觉		她		
弟弟也想学当书法家，				不会写汉字。

我们的中文班是一个温暖的大家庭！

香水：perfume；百合：lily；闻：to smell；甜：sweat；书法家：calligraphist

七 阅读理解(Reading comprehension)

yuè dú lǐ jiě

2004年10月28日 星期四 天气:多云

今天最有意思的课是中文课,我们每个人都用中文介绍了自己的国家。有的同学还带了自己国家的传统(chuán tǒng)点心!大家一边(biān)听一边(biān)吃,我了解(liǎo jiě)到了很多不同的文化(huà)。还有,我们班的同学来自十四个不同的国家,真是一个国际班!我喜欢我的中文班,我一定要努力(nǔ lì)学习中文!

传统:traditional; 一边……一边……:(indicating two simultaneous actions)at the same time; 文化:culture; 努力:work hard

pàn duàn duì cuò
判断对错(True or false)

①“我”今天最喜欢上的课是中文课。

对 □　　错 □

② 中文课上，每个学生都做了自我介绍。

对 □　　错 □

③ 中文课上，我们一边(biān)听同学介绍一边(biān)吃中国传统(chuán tǒng)的点心。

对 □　　错 □

④“我”的中文班是一个国际班，因为有很多学生。

对 □　　错 □

qǐng nǐ xiě yí gè zì wǒ jiè shào
请你写一个自我介绍

(Please write an introduction about youself in Chinese)

你会自我介绍吗？

自我介绍

qǐng nǐ xiě yì zé rì jì
九 请你写一则日记(Please write a diary)

日记七则(三)

一 写汉字 (Write characters)

xiě hàn zì

拼音	汉字	笔顺	词语
yīn	阴	㇌ 阝 阝 阴 阴 阴	阴天
hái	孩	㇇ 了 子 孑 孑 孩 孩 孩 孩	男孩
fù	父	ノ 八 ク 父	父亲
qīn	亲	丶 亠 亠 亠 立 立 辛 辛 亲	母亲
mǔ	母	㇄ 口 母 母 母	母亲

cōng

聪

一 丅 丌 丌 月 耳 耳 耳' 耵 耶 聆 聆 聪 聪 聪

聪明

wài

外

丿 ク 夕 夘 外

外向

xiàng

向

丿 亻 冂 向 向 向

外向

yǐ

已

㇆ コ 已

已经

jīng

经

㇜ 幺 纟 纟 经 经 经 经

已经

二 照样子，写句子(Write the sentences according to the example)

zhàoyàng zi xiě jù zi

lì 例

她很外向。 她很漂亮。

 她很外向，也很漂亮。

① 这个校园很大。 这个校园很美。

✍

② 哥哥很高。 哥哥很胖。

③ 春天很美。 春天很暖。

例：example

yì qǐ xué xīn cí bìngwánchéngtiánkòng
一起学新词并完成填空
(Let us learn new words and choose the proper word to fill in the blanks)

cí
一起来学新词！

自信 self-confident

lìn sè
吝啬 mean, stingy

文静 gentle and quite

小气 mean, stingy

pō
活泼 lively, vivacious

内向 introvert

lǎng
开朗 optimistic

gū pì
孤僻 unsociable, eccentric

大方 natural and poised, unaffected

hài xiū
害羞 shy

dú lì
独立 independent

lǎn duò
懒惰 lazy

父亲很________，也很________。

母亲很________，也很________。

我很________，也很________。

四 请你回答问题(Please answer the following questions)

qǐng nǐ huí dá wèn tí

① 你是一个混血(hùn)儿吗?

② 用中文和别人打招呼(hu)的时候,你会说什么?

③ 你的同桌是男孩还是女孩?叫什么中文名字?

④ 你有几个形影不离的朋友?

五 yuè dú lǐ jiě 阅读理解 (Reading comprehension)

2004年12月15日 星期三 天气:小雨

今天天气不太好,又下雨了。我不喜欢下雨!

我有一个形影不离的朋友,叫黄小明。他出生在日本,是澳(ào)大利(lì)亚(yà)人。他的母亲是中国人,父亲是英(yīng)国人。黄小明很外向,也很聪明。他和我一样,非常喜欢打篮球。他打篮球打得非常好。

圣诞(shèngdàn)节就要到了,我想今年我会送他一个篮球当圣诞(shèngdàn)礼物。我打算这个周末(mò)就去买。他一定会喜欢的。

gēn jù rì jì huí dá wèn tí
根据日记回答问题 (Answer the question according to the diary given)

①"我"的好朋友是谁?是哪国人?

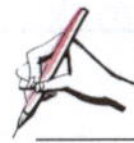

②"我"的爱好是什么?

③黄小明是不是混(hùn)血儿?为什么?

④今年"我"送给黄小明的圣诞(shèngdàn)礼物是什么?

圣诞节:Christmas holiday

六 你的同桌是谁？是男孩还是女孩？是混血儿吗？他（她）的性格怎么样？请你写一写你的同桌！

(nǐ de tóngzhuō shì shuí shì nán hái hái shì nǚ hái shì hùn xuè ér ma tā tā de xìng gé zěn me yàng qǐng nǐ xiě yī xiě nǐ de tóngzhuō)

(Who is your deskmate? Boy or girl? Is he/she a mixblood? What is his/her personality? Please write something about your deskmate!)

我的同桌

性格：character, personality

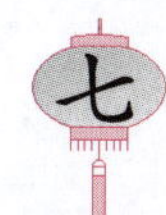

qǐng nǐ xiě yì zé rì jì
请你写一则日记(Please write a diary)

日记七则（四）

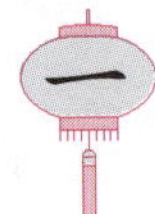

xiě hàn zì
写汉字(Write characters)

sī
思
丨 冂 冋 冊 田 田 思 思 思
有意思

dìng
定
丶 丷 宀 宀 宁 宁 宇 定
决定

ér
而
一 丆 丆 丙 而 而
而且

qiě
且
丨 冂 冃 月 且
而且

cháng
常
丨 丨 丷 丷 丷 丷 丷 丷 丷 常 常
非常

xī

丿 㐅 㐅 产 产 肴 希

希

希望

zhào yàng zi wán chéng jù zi
二 照样子，完成句子
(Please complete the following sentences according to the example)

1

我喜欢中文课，而且我父母非常希望我学好中文。

① 妹妹会说中文，而且 ________。

② ________，而且很聪明。

③ ________，而且 ________。

2

老师给我起了一个中文名字

① ________ 给我起了我的英(yīng)文名字。

② 黄老师给 ________ 起了一个中文名字。

③ 爷爷给我的父亲起了一个 ________ 名字。

④ ________ 给 ________ 起了一个 ________ 名字。

三 选词填空 (Choose the correct word to fill in the blanks)

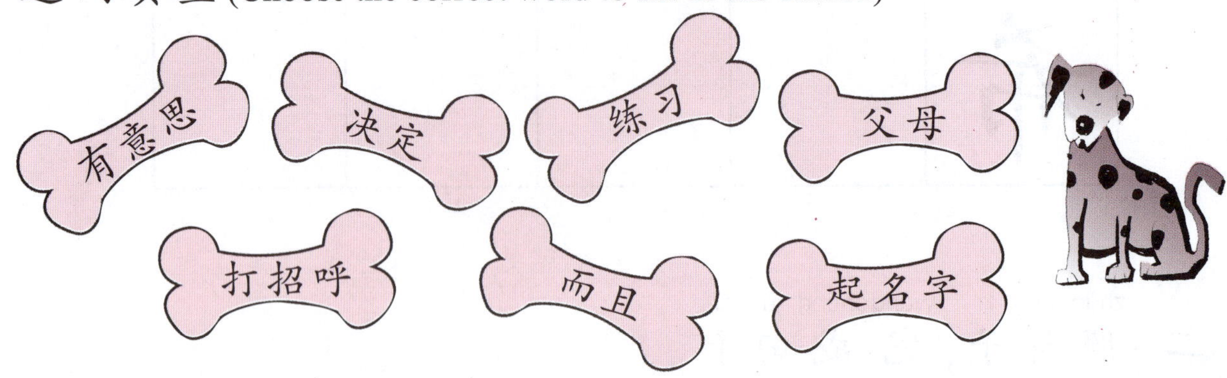

有一天，放学回家，我走在路上，突然，我看见一只没人要的小狗。它瘦瘦的，很可怜。我走近它，和它(   )，它像看见老朋友一样，快乐地摇着它的小尾巴。我(   )带它回家。

我想给它(   )，想呀想呀，有了！就叫它"小黑"，因为它的皮毛是黑色的。

每天放学回家我都教它(   )跳高，现在它已经能根据我的手指动作表演跳高了，真(   )！我的(   )可喜欢它了。

最有趣的是每天早上七点它会准时叫醒我，所以我从不迟到。我的小黑是我的好朋友，(   )还是我的"小闹钟"呢！

突然：suddenly；可怜：pitiful；近：close；摇：to shake；尾巴：tail；皮：skin；跳高：high jump；根据：according to；手指：finger；动作：movement；表演：to perform；迟到：be late；闹钟：alarm clock

yuè dú lǐ jiě
四 阅读理解(Reading comprehension)

2005年3月14日 星期一 天气:雨

我的书法老师是张老师,他是上海人。每个星期六下午他都会来我家教我两个小时的书法。用毛笔写汉字很难,但是很有意思。我决定每天用一个小时练习书法。因为我非常喜欢,而且我父母也希望我学好书法。我想有一天我可能会成为一名书法家!

gēn jù rì jì huí dá tián kòng
根据日记回答填空(Fill in the blanks according to the diary given)

①“我”的书法老师姓 ________。

②“我”觉得学书法不容易,但是非常 ________。

③ 以后,“我”打算天天练习书法 ________ 小时。

④“我”希望有一天 ________。

书法:calligraphy;书法家:calligraphist

五 qǐng nǐ xiě yì zé rì jì
请你写一则日记(Please write a diary)

日记七则（五）

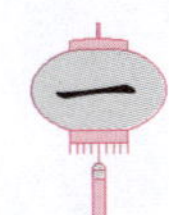

xiě hàn zì
写汉字 (Write characters)

wǎn

丨 冂 日 日 日' 旷 旷 昤 晗 睁 晚

晚

晚

gǎn

一 十 土 丰 丰 走 走 走 走 赶

赶

赶上

dào

一 工 工 至 至 至 到 到

到

到

jiào

一 十 土 耂 耂 孝 孝 孝 孝 教 教

教

教室

chí

乛 コ 尸 尺 尺 识 迟

迟

迟到

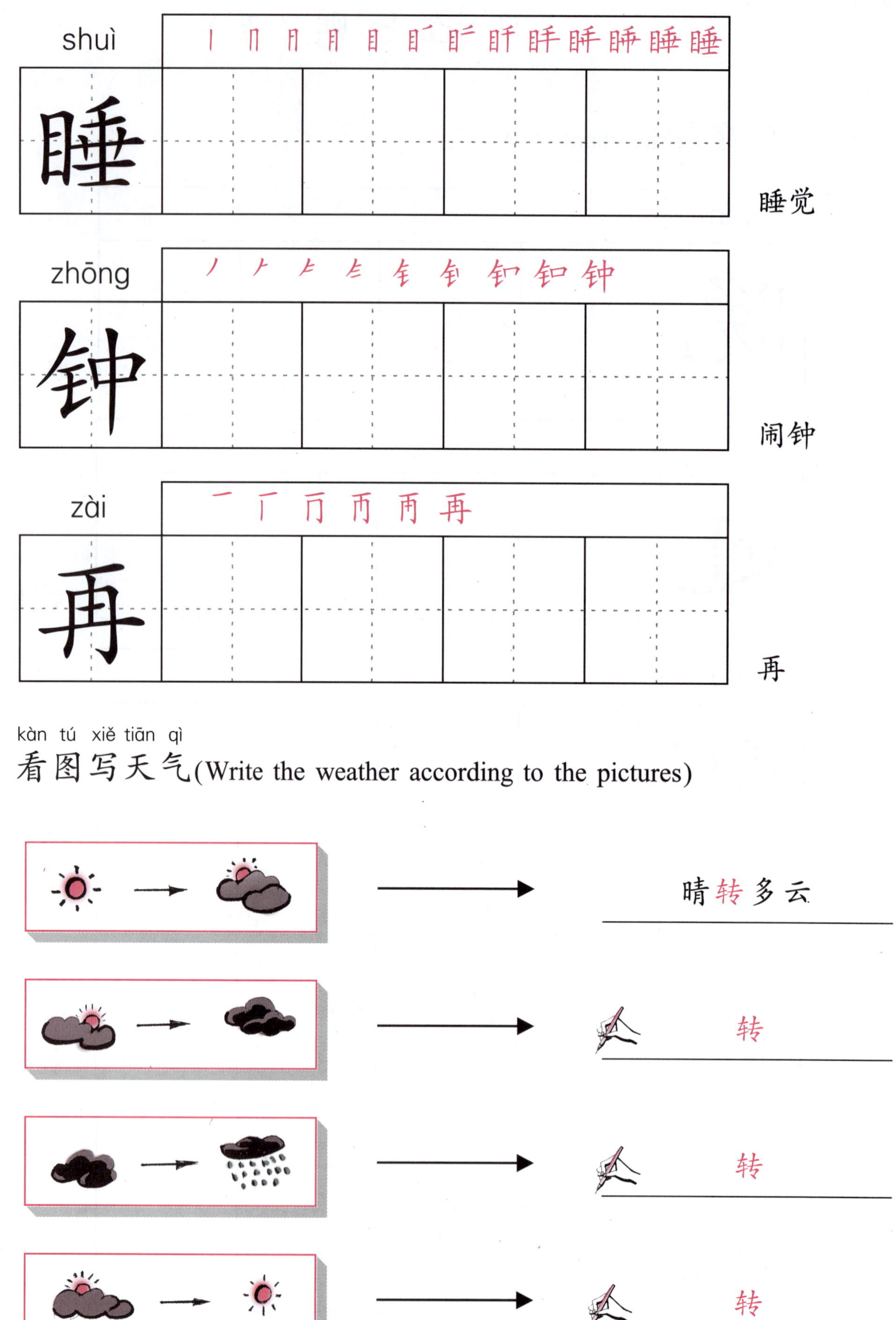

kàn tú xiě tiān qì
二 看图写天气(Write the weather according to the pictures)

lì
例 晴转多云

① 转

② 转

③ 转

④ 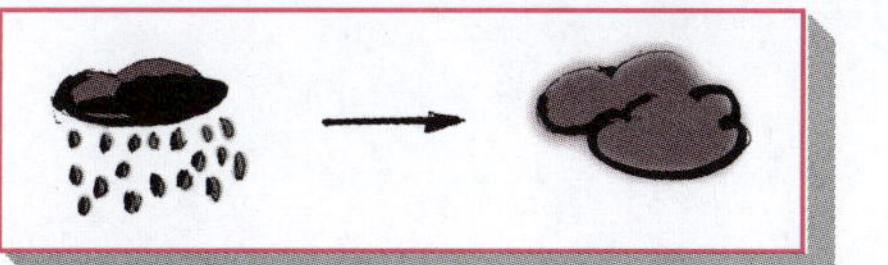 →  转

三 填空 (Please fill in the blanks)

tián kòng

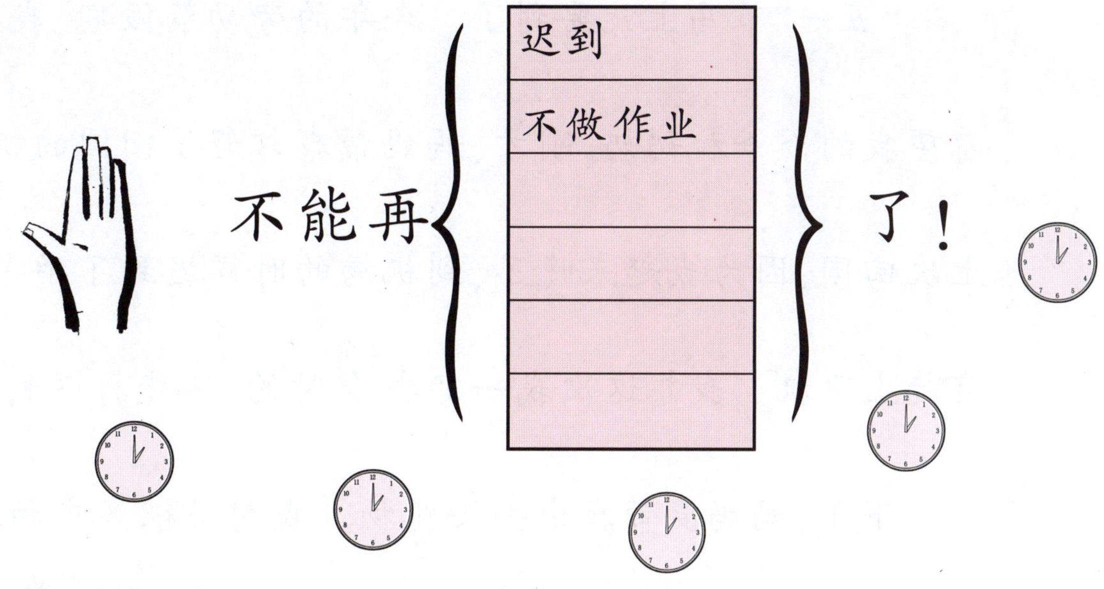

四 根据课文回答问题 (Please answer the questions according to the text)

gēn jù kè wén huí dá wèn tí

① 为什么王杰(jié)思迟到了？

② 你觉得王杰(jié)思还会迟到吗？为什么？

五 yuè dú lǐ jiě 阅读理解(Reading comprehension)

2005年4月25日 星期日 天气:晴天

“五一”节马上就要到了。今年的劳动节(láo)假期,我要回泰(tài)国看望我的爷爷和奶奶。刚才,妈妈帮我订好了回国的机票。记得上次回国,因为我起来晚了,到机场的时候迟到了半个小时,没有赶上飞机。我想这次我一定会准(zhǔn)时的,不能再迟到了!

下午,妈妈要带我出去买礼物。我想买很多东西送给爷爷和奶奶!

gēn jù rì jì tián kòng
根据日记填空(Fill in the blanks according to the diary given)

①“我”是 ____________ 人。

② 今年劳动节假期“我”会住在 ______________ 的家里。

③ 上次回国“我” ________________,因为我起来晚了。

④ 这则日记“我”是在 2005 年 4 月 25 日星期日的 _______ ___________________ 写的。

qǐng nǐ xiě yì zé rì jì
六 请你写一则日记(Please write a diary)

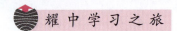

日记七则（六）

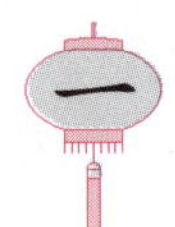

xiě hàn zì
一 写汉字 (Write characters)

jiā 家
丶 丶丶 宀 宀 宀 宇 家 家 家 家
家

chǒng 宠
丶 丶丶 宀 宀 宀 宇 宠 宠 宠
宠物

wù 物
丿 𠂉 牛 牛 牜 物 物 物
宠物

gǒu 狗
丿 犭 犭 犭 狗 狗 狗 狗
雌狗

máo 毛
丿 二 三 毛
白毛

huī	一 ナ 大 ⺶ 灰 灰	
灰		灰蓝

chú	阝 阝 阝 阝 阶 阾 阾 除 除	
除		除了

zhí	一 十 ⺅ 冇 冇 有 有 直	
直		一直

wán	一 二 ⺩ 王 王 玗 玩 玩	
玩		玩

jī	丿 几	
几		几乎

gěi duō yīn zì jiā pīn yīn
给多音字加拼音(Please put the correct Pin Yin above the polyphone)

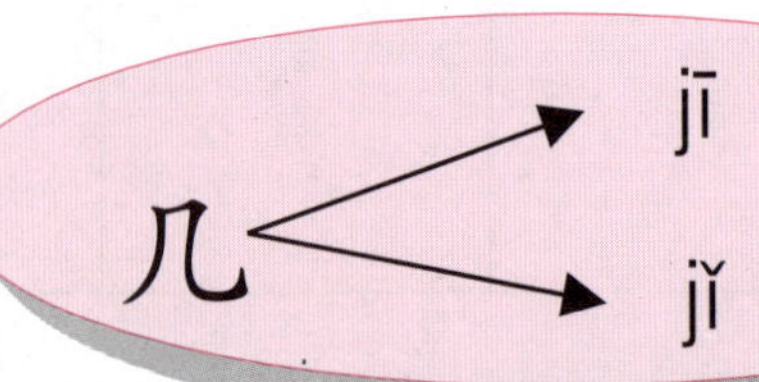

(　　)
① 你几岁了？

(　　)
②他几乎不会说英语。

(　　)
③ 这个学校有几百个学生。

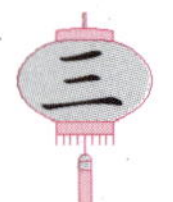

pǐ pèi
匹配(Match)

1

雌　xióng 雄　公　母

2

公主　王子　国王　huáng 皇后

公:male; 雄:male; 王子:prince; 国王:king; 皇后:queen

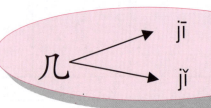

四 根据课文填表 (Please fill in the table according to the text)

gēn jù kè wén tián biǎo

宠物身份证 (fèn)

姓名：________ 性别 (xìng)：________

毛：________ 眼睛：________

主人：________

五 读读写写 (Read and write)

dú dú xiě xiě

1

(besides)

(except)

① 除了中文作业，我还有英文作业和数学作业没有做完。

② 今天除了去参观上海博(bó)物馆，我们还要去参观上海动物园。

③ ________________

④ 放学后，除了做作业，我一直和它在玩。

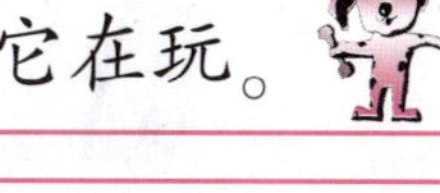

⑤ 除了周末(mò)，我们都要上学。

⑥ ________________

身份证：ID card；性别：gender；主人：master

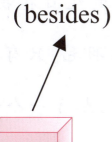

2

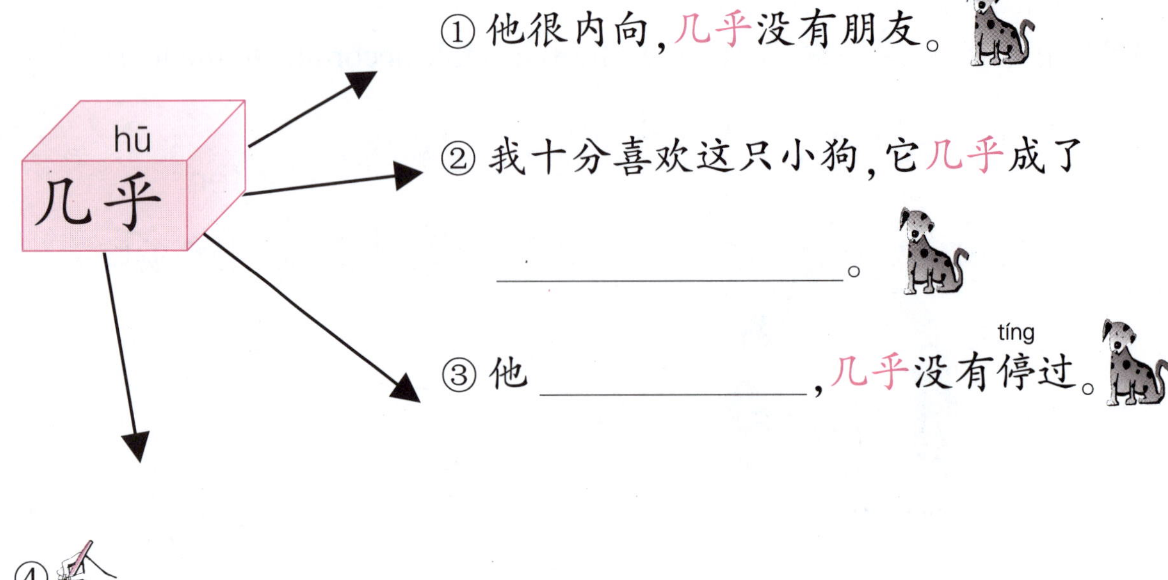

① 他很内向，几乎没有朋友。

② 我十分喜欢这只小狗，它几乎成了

________________。

③ 他________________，几乎没有停(tíng)过。

④ ____

六 阅读理解(yuè dú lǐ jiě)(Reading comprehension)

二〇〇五年五月三十一日　星期二　天气：有雨

我生日那天，父亲送给了我一件特别的生日礼物：一只鹦鹉(yīng wǔ)！它是一只雄(xióng)鸟，全身长着深绿色的羽毛，只有头顶上是红色的，像一顶小帽(mào)子，很漂亮！我给它起了一个好听的

名字："王子"！我的"王子"还会说中文呢！每天放学回家，除了吃饭，睡觉，我一直和它说话。现在它已经学会很多中文了！比如："你好！""欢迎！""再见！""我爱你！"等等。每个来我家的客人都非常喜欢它，说它是一只又聪明又漂亮的鹦鹉(yīng wǔ)。

停：to stop；鹦鹉：parrot；雄：male；羽毛：feather

pàn duàn duì cuò
判断对错(True or false)

yīng wǔ
① “我”的“王子”是一只深绿色的鹦鹉。

对 □　　错 □

② “王子”是爸爸生日的时候送给我的。

对 □　　错 □

yīng wǔ　　mào
③ “我”的鹦鹉有一顶红帽子。

对 □　　错 □

yīng wǔ
④ “我”每天吃饭的时候也和鹦鹉说话。

对 □　　错 □

七 qǐng nǐ xiě yì zé rì jì
请你写一则日记(Please write a diary)

日记七则（七）

一 xiě hàn zì 写汉字 (Write characters)

tīng
厅
一 厂 斤 厅
一室一厅

dàn
但
丿 亻 亻 亻 伯 但 但
但是

jié
洁
丶 氵 氵 氵 汁 汁 沣 洁 洁
整洁

jǐn
紧
丨 刂 刂 収 坚 坚 坚 紧 紧 紧
紧张

pà
怕
丶 忄 忄 忄 忄 怕 怕 怕
怕

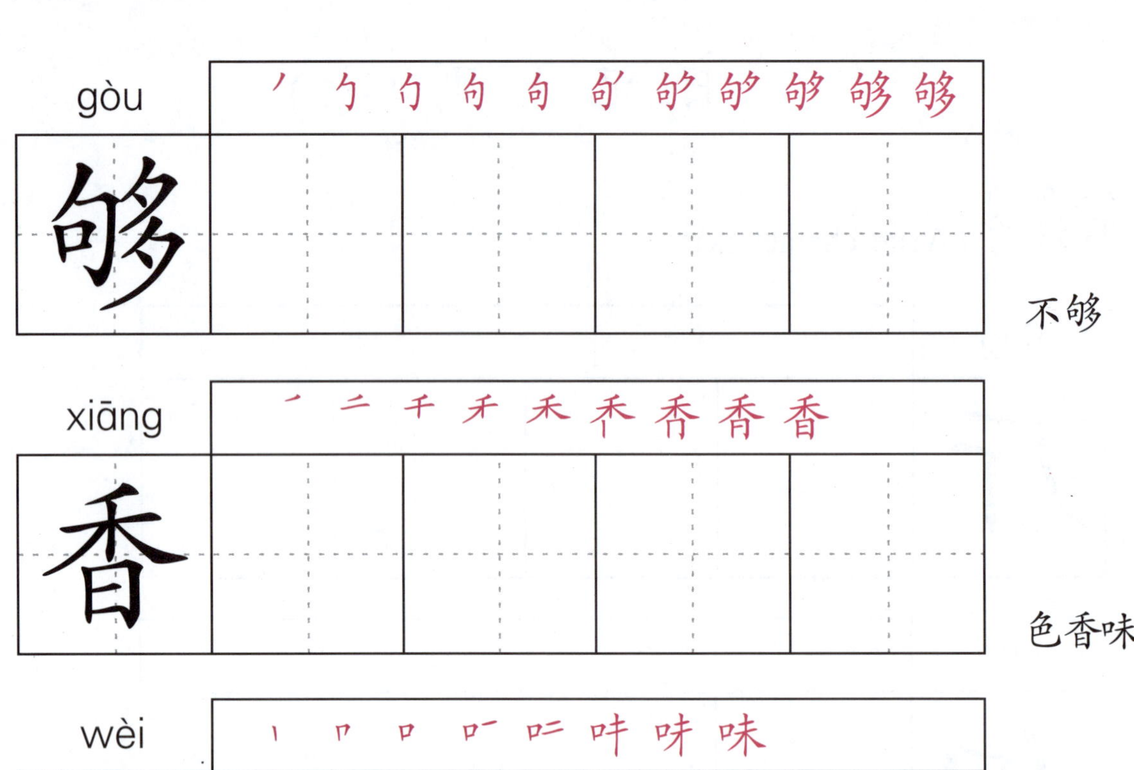

gòu

够

丿 勹 勺 句 句 句' 豿 够 够 够 够

不够

xiāng

香

一 二 千 禾 禾 禾 香 香 香

色香味俱全

wèi

味

丨 口 口 口一 口二 叶 呋 味

色香味俱全

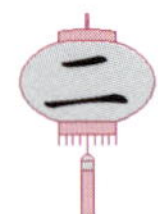

dú cí huà huà

二 读词画画 (Read and draw)

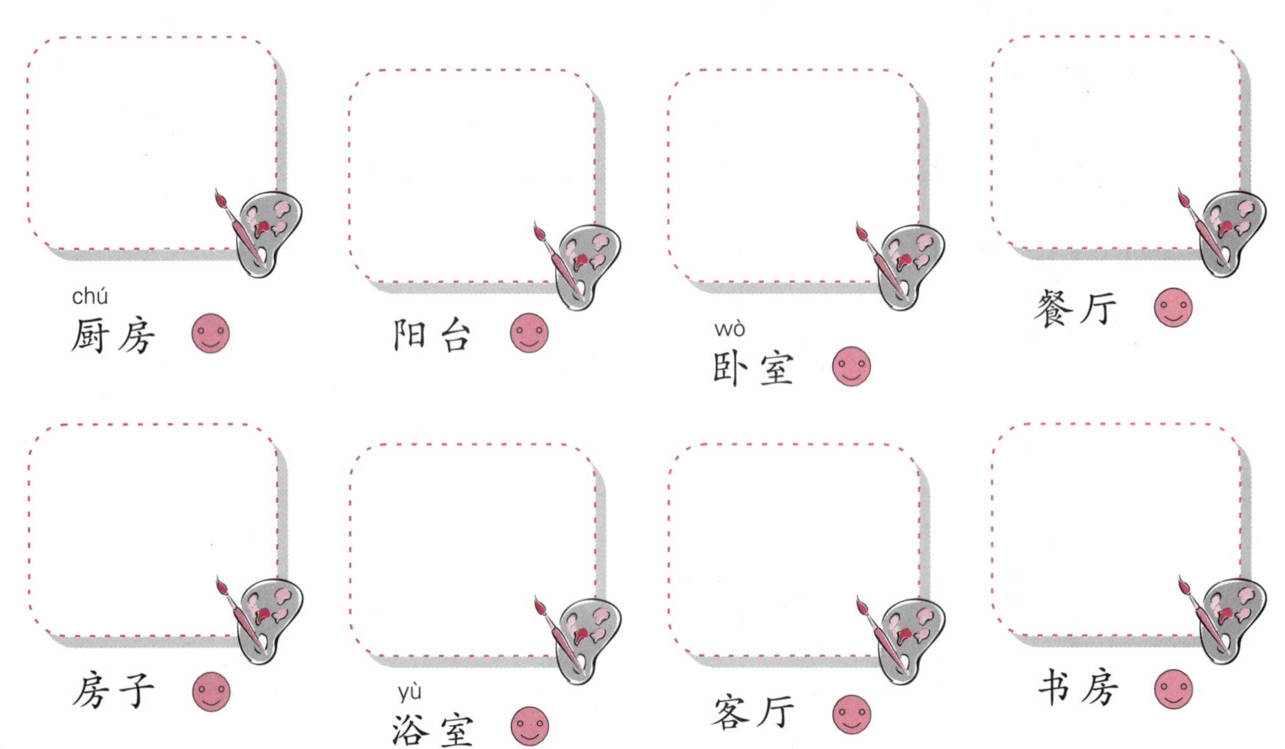

chú
厨房

阳台

wò
卧室

餐厅

房子

yù
浴室

客厅

书房

浴室：bath room

三 小调查(Questionnaire)
xiǎo diào chá

请问,你家有几室几厅?

被调查的人 (diào chá)	几室几厅
王阿姨	一室一厅

四 完成下面的句子(Please complete the following sentences)
wán chéng xià miàn de jù zi

王阿姨请我们去她家吃饭

① 我请＿＿＿＿＿＿吃饭。

② ＿＿＿＿＿请＿＿＿＿＿＿看电影。

③ ＿＿＿＿＿请大家＿＿＿＿＿＿。

④ ＿＿＿＿＿请＿＿＿＿＿＿＿＿。

调查:questionnaires

五 根据课文回答问题 (Please answer the questions according to the text)

gēn jù kè wén huí dá wèn tí

① 王杰(jié)思是什么时候去王阿姨家吃饭的？

② 王阿姨的家怎么样？

③ 一开始，王杰(jié)思为什么觉得有些紧张？

④ 王杰(jié)思的中文怎么样？

⑤ 王阿姨烧的中国菜怎么样？

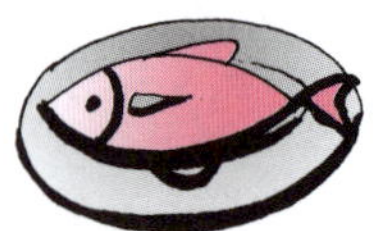
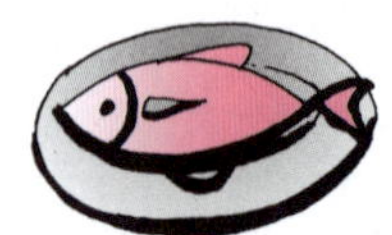
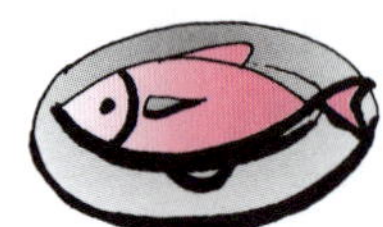

六 阅读理解(Reading comprehension)

yuè dú lǐ jiě

二〇〇六年二月七日(年初四) 星期五 阴天

已经有一个星期没有写日记了。这几天过春节,每天都很热闹。除夕晚上我们在外公、外婆家吃年夜饭,放鞭炮。爸爸、妈妈、哥哥和外公打牌,我和外公下棋。我们玩了整个晚上,凌晨三点才睡觉。

这几天也有很多亲戚和朋友来我家拜年。他们给我们带来了许多礼物,有点心、水果、鲜花、中文书和玩具。我现在有八百多元了,是外公、外婆、爸爸和妈妈给我的压岁钱。过年真好!

年初四:the fourth day of the Chinese New Year; 春节:Spring Festival; 除夕:Spring Festival Eve; 玩牌:play card; 下棋:play chess; 凌晨:wee hours; 亲戚:relatives; 拜年:pay a New Year call; 压岁钱:money given to children as a lunar New Year gift

xuǎn zé tí
选择题(Multiple-choice)

① 这则日记写的是哪个节日？

(A) 圣诞节（shèng dàn） (B) 国庆节 (C) 中国新年 (D) 劳动节（láo）

② 除夕（xī）是哪一天？

(A) 2006 年 1 月 1 日

(B) 2006 年 2 月 3 日

(C) 2006 年 2 月 4 日

(D) 2006 年 2 月 7 日

③ 除夕（xī）晚上"我"没有做什么？

(A) 吃年夜饭 (B) 下棋（qí） (C) 放鞭炮（biān pào） (D) 打牌（pái）

④ 今年过年"我"的压（yā）岁钱有多少？

(A) 800 元

(B) 不到 800 元

(C) 900 元

(D) 不到 900 元

qǐng nǐ xiě yì zé rì jì
七 请你写一则日记(Please write a diary)

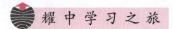

第二十课 两封电子邮件（一）

一 xiě hàn zì 写汉字 (Write characters)

diàn 电	丨 冂 日 曰 电 — 电子邮件
yóu 邮	丨 冂 日 由 由 由了 邮 — 电子邮件
jiǔ 久	丿 ク 久 — 很久
gēn 跟	丨 口 口 早 早 𧾷 𧾷 𧾷ヨ 𧾷ヨ 𧾷ヨ 跙 跟 跟 — 跟
qì 气	丿 𠂉 𠂉 气 — 生气

zuì

丨 冂 日 日 旦 早 早 是 昰 最 最 最

最

最近

máng

丶 丶 忄 忄 忙 忙

忙

忙

gāng

丨 冂 冈 冈 冈 刚

刚

刚

me

丿 么 么

么

怎么样

yàng

一 十 才 木 木 杧 杧 栏 栏 样

样

怎么样

guàn

丶 丶 忄 忄 忄 忄 悝 惯 惯 惯 惯

惯

习惯

二 量词匹配 (Match)

liàng cí pǐ pèi

xuǎn cí tián kòng
三 选词填空 (Choose the correct word to fill in the blanks)

A. 电子邮件　B.联系　C.跟　D.最近
E.忙　F.习惯　G. 一切如意　H.生活
I.测试　J.马上

① 你可以打电话______我的中文老师______。

② 听说她______就要去生孩子了。

③ 我的父亲一直很______,没有时间给他的朋友写______。

④ 你______好吗？喜欢北京的______吗？

⑤ 这里的天气很热,可是我已经______了。

⑥ 不要忘记明天有数学______!

⑦ 祝你和你的全家______!

四 读读写写 (Read and write)

dú dú xiě xiě

已经很久没有跟你联系了，你一定生气了吧？

① 已经三个星期没有跟爷爷联系了，他一定不开心了吧？

② 已经________没有跟________联系了，她一定不高兴了吧？

③ 已经两个半月没有跟表弟联系了，________一定________________了吧？

④ 已经________没有跟________联系了，________一定________了吧？

五 看图完成句子 (Please complete the sentences according to the pictures)

kàn tú wánchéng jù zi

lì
例

妈妈最近工作非常忙。

例：example

①   ________最近就要结婚(jié hūn)了。

② ________最近________。  

③   ________最近________。

六 连成句子(lián chéng jù zi)(Match the patterns into complete sentences)

现在我刚做完今天的作业	总算有机会	可以休息一下了。
昨天我们到了上海	总算有很多时间	可以去逛(guàng)南京路了。
他等了三天	总算有一点时间	可以找到失主了。
妹妹想了很久	总算有办法	可以跟那位明星见面了。

机会：opportunity；明星：movie star；见面：to meet

七 看图，按照例子写句子

kàn tú àn zhào lì zi xiě jù zi

(Look at the picture, make the sentences according to the example)

北京：

nán
南京：

上海：
习惯上海的
生活吗？

gǎng
香港：

guǎngzhōu
广州：

南京：Nanjing

八 根据课文，回答问题

gēn jù kè wén huí dá wèn tí
根据课文，回答问题
(Answer the following questions according to the text)

① 这封电子邮件的收件人是谁？

② 这封电子邮件是在什么时候写的？

③ 为什么梅儿会觉得杰(jié)思一定生气了？

④ 梅儿的学习忙不忙？

⑤ 白老师是谁？她怎么了？

九 yuè dú lǐ jiě 阅读理解(Reading comprehension)

发件人	dongdong@china.com.cn
收件人	linlin@online.sh.cn
主题	我搬家了

发送　　bǎo cún gǎo 保存草稿

林林：

你好！上个星期我搬(bān)家了。我现在住在北京的郊区(jiāo qū)。这里买东西不太方便(biàn)，公共汽车也很少。不过，我的新家三房一厅，很大，我很喜欢。

因为搬(bān)家，我也转(zhuǎn)学了，我的新学校很大，但是教学楼很旧(jiù)，图书馆也不大。我现在还没有交到新的朋友，不过，同学们很友好，老师也不错。我每天走路去上学，中午回家吃午饭。

你最近怎么样？学习忙吗？有空请给我写电子邮件。

祝你一切如意！

你的朋友：冬冬

发送：to send；保存草稿：save draft；搬家：move (house)；郊区：suburbs；方便：convenient；转学：transfer；旧：old

pàn duàn duì cuò
判断对错(True or false)

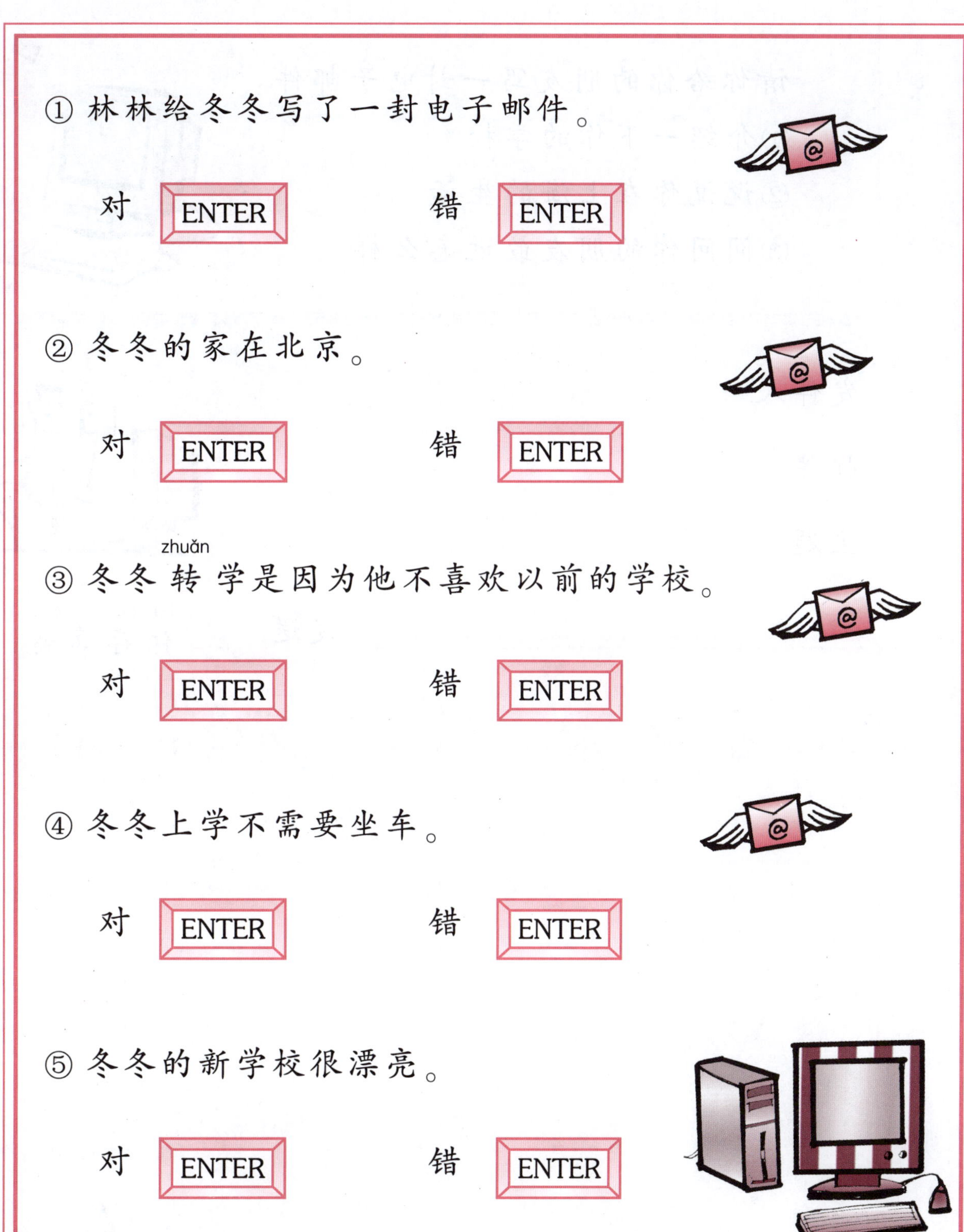

① 林林给冬冬写了一封电子邮件。

对 ENTER　　错 ENTER

② 冬冬的家在北京。

对 ENTER　　错 ENTER

③ 冬冬转(zhuǎn)学是因为他不喜欢以前的学校。

对 ENTER　　错 ENTER

④ 冬冬上学不需要坐车。

对 ENTER　　错 ENTER

⑤ 冬冬的新学校很漂亮。

对 ENTER　　错 ENTER

以前:previous

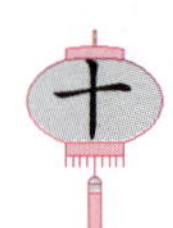

十 写作 (Writing)

xiě zuò

请你给你的朋友写一封电子邮件：

①介绍一下你的学校

②说说你在上海的生活

③问问你的朋友最近怎么样

发件人

收件人

主题

发送　　保存草稿 (bǎo cún gǎo)

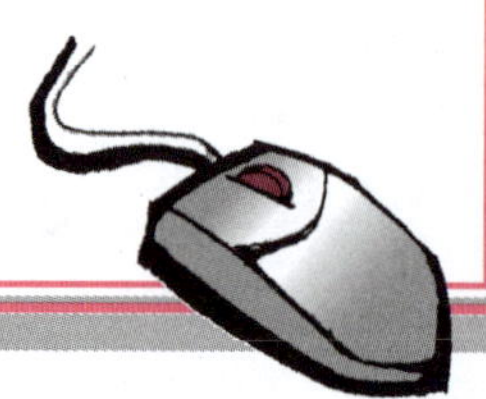

发送：to send；保存草稿：save draft

两封电子邮件(二)

xiě hàn zì
一 写汉字(Write characters)

fàng
丶 亠 方 方 方 方 放 放
放

放学

dǎ
一 十 扌 扌 打
打

打开

hòu
丿 亻 亻 亻 亻 亻 亻 亻 候 候
候

问候

xiǎng
一 十 才 木 木 相 相 相 相 相 想 想 想
想

想念

niàn
丿 人 人 今 今 念 念 念
念

想念

xiāng

乡

㇜ 乡 乡

家乡

chà

差

丶 丷 䒑 䒑 兰 羊 关 差 差

差不多

fāng

方

丶 亠 方 方

方便

biàn

便

丿 亻 亻 亻 仢 佰 佰 便 便

方便

xiē

些

丨 卜 止 止 止 此 此 些

一些

yǔ

语

丶 讠 讠 讠 讶 语 语 语 语

汉语

zhī

知

丿 𠂉 𠂉 ⺧ 矢 矢 知 知

知道

dào

道

丶 丷 丷 丷 丷 首 首 首 首 道 道 道

知道

chuān

穿

丶 丶 宀 宀 穴 穴 空 穿 穿

穿

yǒu

友

一 ナ 方 友

友好

dì

地

一 十 土 圴 圴 地

地址

zhǐ

址

一 十 土 圵 圵 址 址

地址

xuǎn cí tián kòng

二 选词填空 (Choose the correct word to fill in the blanks)

A.放学　B.电脑　C.问候　D.想念　E.离开

F.家乡　G.方便　H.比较　I.汉语　J.交通

K.简单　L.经验　M.地址　N.机会　O.健康

① 我们每天四点半＿＿＿＿＿＿。

② 我的＿＿＿＿＿＿是上海，你呢？

③ ＿＿＿＿＿＿韩(hán)国两年多了，谢谢你们的＿＿＿＿＿＿，我也非常＿＿＿＿＿＿你们。

④ 最近，我的父母给我买了一台＿＿＿＿＿＿。

⑤ 北京的冬天＿＿＿＿＿＿冷。

⑥ 这里的人特别多，＿＿＿＿＿不好，乘车也不＿＿＿＿＿。

⑦ 父亲已经会说一些＿＿＿＿＿＿的＿＿＿＿＿＿了。

⑧ 那里的服务(wù)员很友好，也很有＿＿＿＿＿＿。

⑨ 祝大家身体＿＿＿＿＿＿，一切如意！

⑩ 你有她的电子邮件＿＿＿＿＿＿吗？我想给她写一封电子邮件。

⑪ 如果你有＿＿＿＿＿＿，一定要去北京游玩噢(ō)！

三 读读写写 (Read and write)

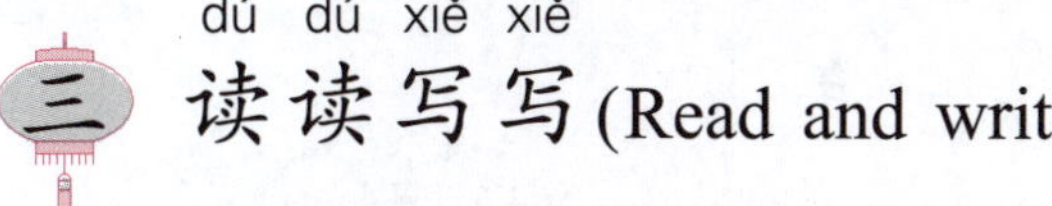

1

lì
例

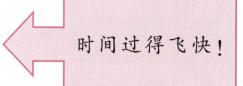

正如你说的，　　时间过得飞快！

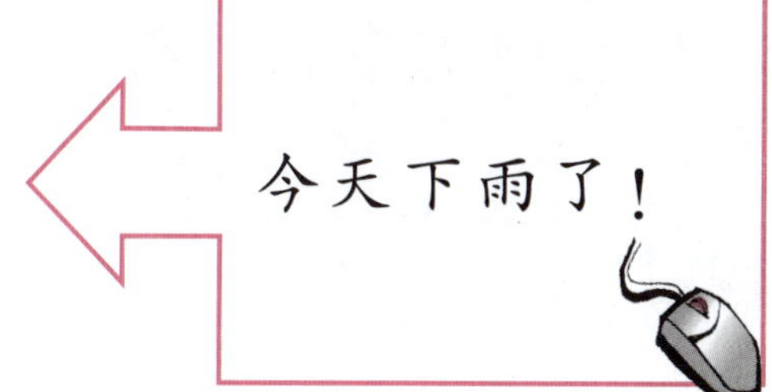

① 正如 ________ 说的，　　今天下雨了！

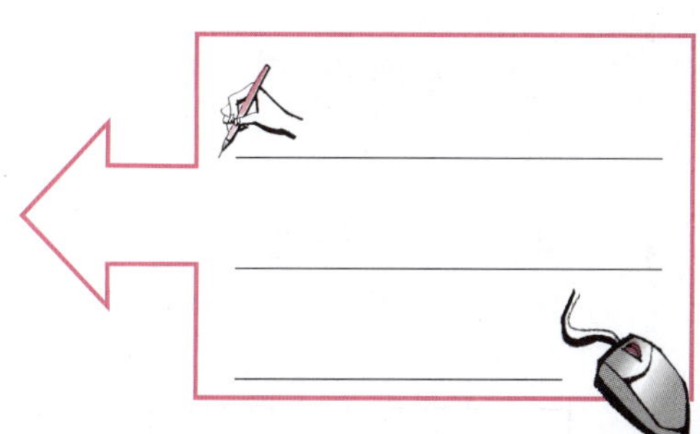

② 正如母亲说的，　　________

③ 正如 ________ 说的，　　________

我的电子邮件地址是 ________

例：example

2 例（lì）

我离开英国，来到上海已经一年半了。

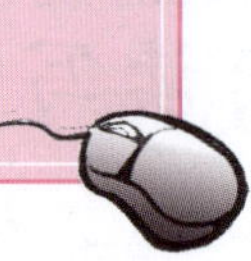

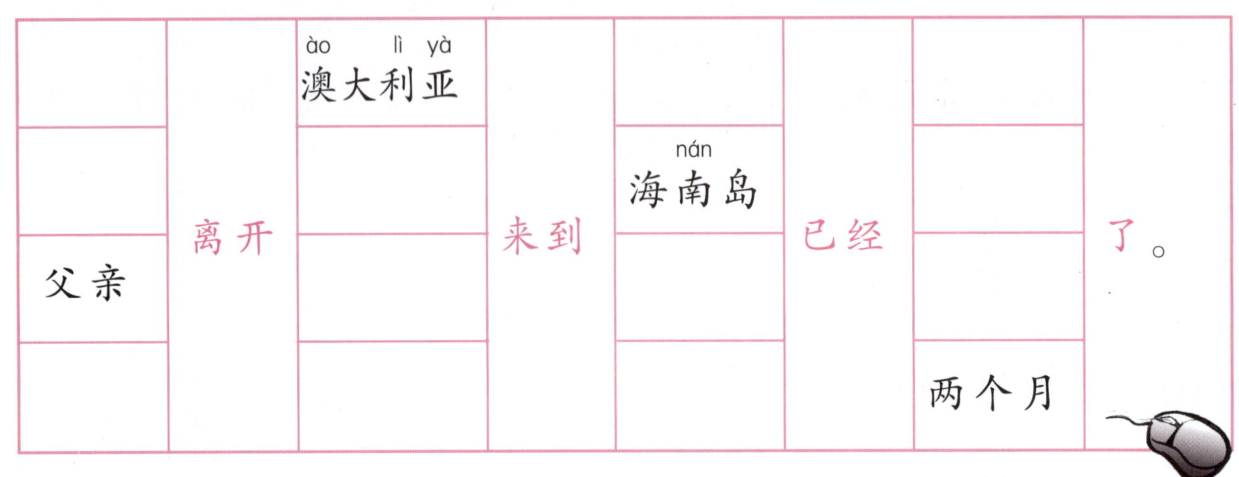

	离开	澳大利亚（ào lì yà）	来到		已经		了。
				海南岛（nán）			
父亲							
						两个月	

3 例（lì）

上海的天气 / 我家乡的天气 → ENTER → 上海的天气跟我家乡的天气差不多。

① 这里的交通 / 那里的交通 → ENTER → ________跟________差不多。

② 北京的人口 / ______的人口 → ENTER → ________跟________差不多。

③ ________ / ________ → ENTER → ________跟________差不多。

人口：population

4 没有　　也没有

① 大山想他的汉语学得没有马丽________，汉字写得也没有马丽__________。

② 爸爸说这里的________没有海南(nán)岛蓝，________也没有海南(nán)岛干净(jìng)。

③ 我觉得这个学校的________没有____________，____________也没有____________。

④ ________________没有_________，_________也没有_________。

四 根据图片完成句子
gēn jù tú piàn wán chéng jù zi

(Please complete the sentences according to the pictures)

1 例(lì)　你有机会一定要来噢(ō)！ ⟵

① 你有机会一定要________噢(ō)！ ⟵

② 你有机会一定要________噢(ō)！ ⟵

③ 你有机会一定要________噢(ō)！ ⟵

④ 你有机会一定要________噢(ō)！ ⟵

干净：clean

2

lì
例

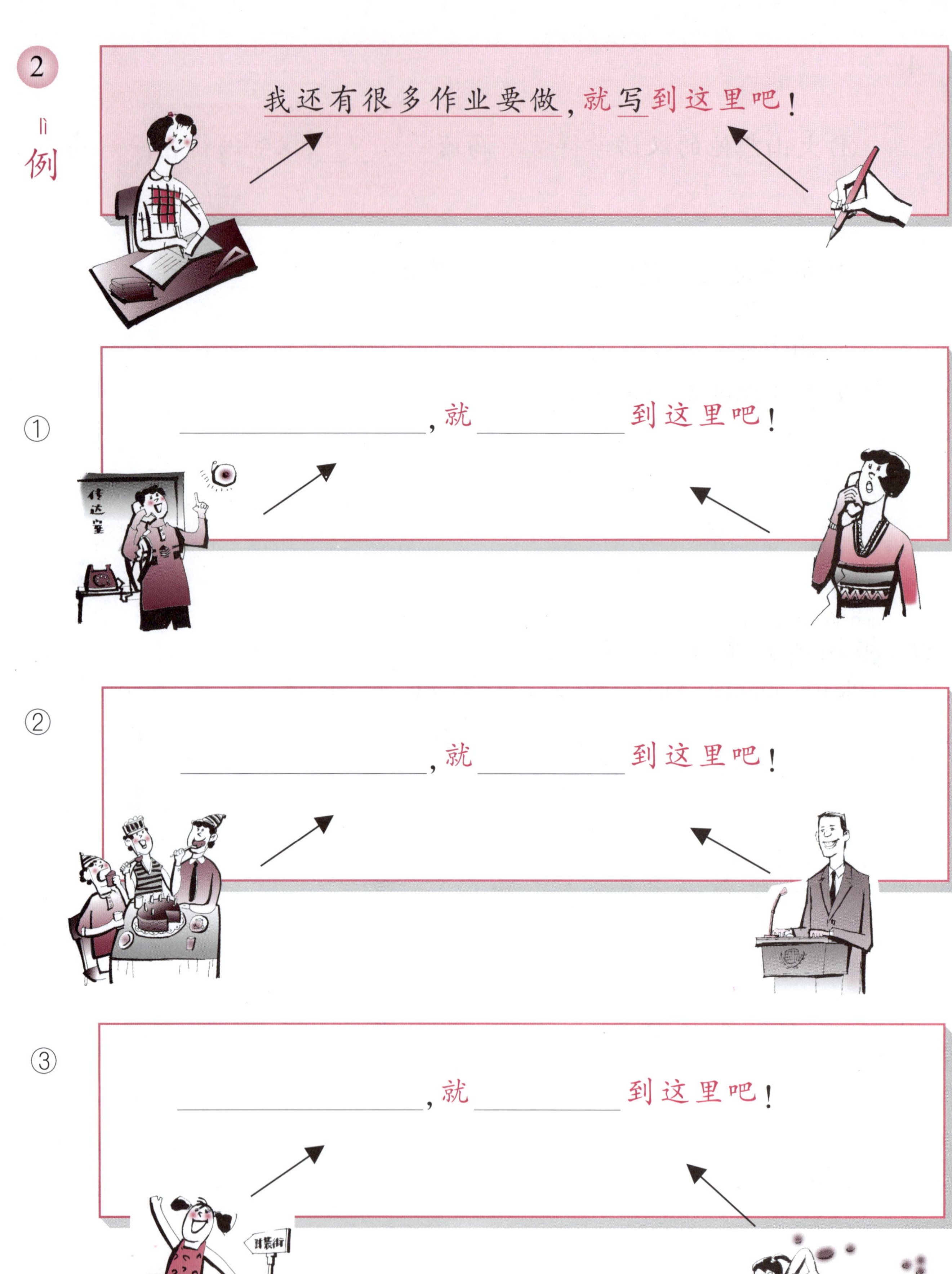

我还有很多作业要做，就写到这里吧！

① ____________，就 __________ 到这里吧！

② ____________，就 __________ 到这里吧！

③ ____________，就 __________ 到这里吧！

3

例

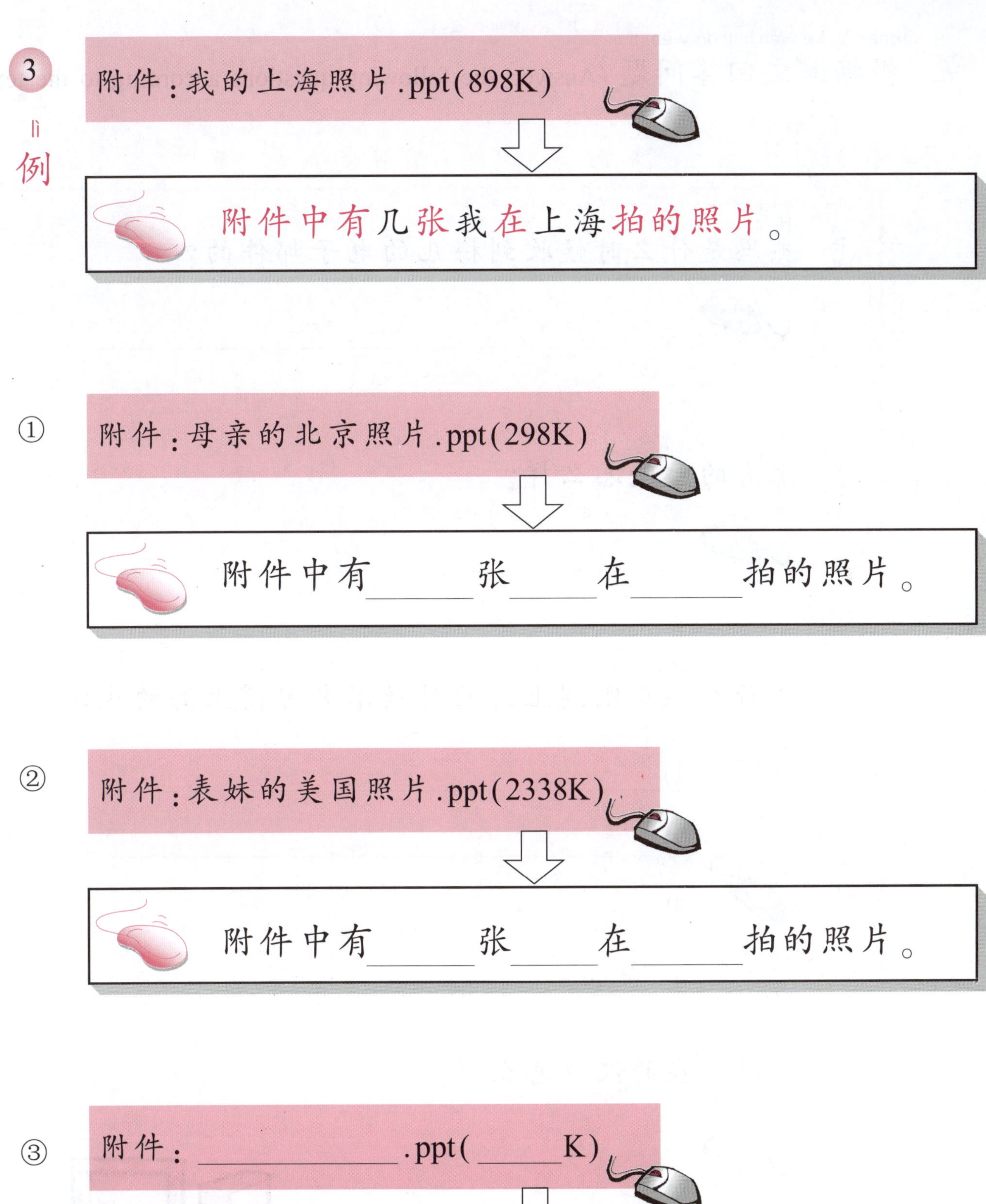
附件：我的上海照片.ppt(898K)
附件中有几张我在上海拍的照片。
①
附件：母亲的北京照片.ppt(298K)
附件中有＿＿张＿＿在＿＿拍的照片。
②
附件：表妹的美国照片.ppt(2338K)
附件中有＿＿张＿＿在＿＿拍的照片。
③
附件：＿＿＿＿.ppt(＿＿K)
附件中有＿＿张＿＿在＿＿拍的照片。

五 gēn jù kè wén huí dá wèn tí
根据课文回答问题 (Answer the following questions according to the text)

① 杰(jié)思是什么时候收到梅儿的电子邮件的？

____

② 上海的天气怎么样？

____

③ 为什么杰(jié)思刚到上海的时候不太习惯上海的生活？

因为 1) ______________________________

2) ______________________________

3) ______________________________

4) ______________________________

④ 杰(jié)思现在的汉语怎么样？

____

____

gēn jù kè wén pàn duàn duì cuò
六 根据课文判断对错(True or false)

① 春节是一个十分热闹的节日。(　　)

② 杰(jié)思喜欢现在的学校，是因为那个学校在古北新区。(　　)

③ 杰(jié)思会给白老师写电子邮件。(　　)

④ 杰(jié)思已经做完了所有作业。(　　)

yuè dú lǐ jiě
七 阅读理解(Reading comprehension)

发件人	dan@ycef.com.cn
收件人	lanlan@wpc.com.cn
主题	在中国旅行
增加／编辑附件	苏州照片.ppt(2345K)

发送　保存草稿

兰兰：

你好！我现在在上海给你写电子邮件。时间过得真快，我离开日本已经有十多天了。我到中国以后，每天都很忙，所以一直没有跟你联系。

以后：after

我已经去了四个城市。我先到香港(gǎng)，然后从香港(gǎng)坐飞机去杭州(háng zhōu)。杭州(háng zhōu)可真是一个美丽的城市，特别是西湖(hú)，风景美极了。我在西湖(hú)上坐船(chuán)游玩了两个小时呢。离开杭州(háng zhōu)我坐火车去了苏州(sū zhōu)。那里有很多漂亮的园林，我拍了很多照片。从苏州(sū zhōu)我坐长途(tú)汽车来到了上海。现在我住在和平(píng)饭店。昨天我去了浦(pǔ)东，晚上看了一场精彩的杂(zá)技(jì)表演(yǎn)。明天晚上我要坐飞机回北京，打算在那里玩一个星期，最后再去西安和桂(guì)林。我已经买了不少明信片和小的纪(jì)念品(pǐn)。回去后我再给你介绍。

祝你假期愉快！

你的朋友：小丹(dān)

杭州：Hangzhou；西湖：the West Lake；船：boat；苏州：Suzhou；长途汽车：coach；和平饭店：Peace Hotel；浦东：Pudong；杂技：acrobatics；西安：Xi'an；桂林：Guilin；明信片：postcard；纪念品：souvenir

xuǎn zé tí
选择题(Multiple-choice)

dān
① 小丹的家在哪里？

gǎng
(A) 在上海　(B) 在香港
(C) 在北京　(D) 在日本

dān lǚ
② 小丹在中国旅行已经多久了？

(A) 10～15 天　(B) 10 天
(C) 8～10 天　(D) 7 天

què
③ 下面哪个句子是正确的？

dān chuán sū zhōu
(A) 小丹坐船去了苏州

dān
(B) 小丹在北京住 7 天

dān háng zhōu
(C) 小丹在杭州拍了许多照片

dān sū zhōu
(D) 小丹从苏州坐火车来到了上海

dān lǚ xiàn
④ 小丹在中国的旅行路线是怎么样的？

gǎng háng zhōu sū zhōu guì
(A) 香港-杭州-苏州-上海-北京-桂林-西安

gǎng sū zhōu háng zhōu guì
(B) 香港-苏州-杭州-上海-北京-西安-桂林

gǎng háng zhōu sū zhōu guì
(C) 香港-杭州-苏州-上海-北京-西安-桂林

gǎng háng zhōu sū zhōu guì
(D) 香港-杭州-苏州-北京-上海-西安-桂林

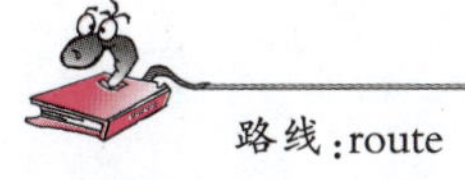

路线：route

八 写作 (Writing)

xiě zuò

这是白老师的电子邮件地址：msbai@yahoo.com

想一想：如果你是杰(jié)思，你会怎么给白老师写电子邮件呢？请你试一下吧！

发件人 ____________________

收件人 ____________________

主题 ____________________

增加/编辑附件 ____________________

发送　　保存草稿

____

____

____

____

____

图书在版编目(CIP)数据

愉快学汉语(第三册)练习册 / 上海耀中国际学校中文教材编写委员会编著.—上海：上海世界图书出版公司，2007.5(2014.6重印)

ISBN 987-7-5062-8563-6

Ⅰ.愉… Ⅱ.上… Ⅲ.汉语-对外汉语教学-习题 Ⅳ.H195.4-44

中国版本图书馆CIP数据核字(2007)第040972号

愉快学汉语(第三册)练习册

上海耀中国际学校中文教材编写委员会编著

上海世界图书出版公司 出版发行
上海市广中路88号
邮政编码 200083
上海竟成印务有限公司印刷
各地新华书店经销
如发现质量问题,请与印刷厂联系
质检处电话：021-56422678

开本：889×1194 1/16 印张：17.25 字数：415 000
2014年6月第1版第2次印刷
ISBN 978-7-5062-8563-6
定价：130.00元(上、下册)
http: //www.wpcsh.com.cn
http: //www.wpcsh.com